# Análisis de datos y vinculación de BBDD con Excel. IFCT184PO

**Elsa Rubio Duce**

ic editorial

**Análisis de datos y vinculación de BBDD con Excel. IFCT184PO**
© Elsa Rubio Duce

1ª Edición

© IC Editorial, 2025

Editado por: IC Editorial
c/ Cueva de Viera, 2, Local 3
Centro Negocios CADI
29200 Antequera (Málaga)
Teléfono: 952 70 60 04
Fax: 952 84 55 03
Correo electrónico: iceditorial@iceditorial.com
Internet: www.iceditorial.com

ISBN: 979-13-7027-102-2
Depósito Legal: MA 2043-2025

Impresión: PODiPrint
Impreso en Andalucía – España

Nota de la editorial: IC Editorial pertenece a Innovación y Cualificación S. L.

# Especialidad formativa

Se entiende por especialidad formativa la agrupación de contenidos, competencias profesionales y especificaciones técnicas que responde a un conjunto de actividades de trabajo enmarcadas en una fase del proceso de producción y con funciones afines.

Las especialidades formativas de Uso General, Formación Complementaria, Formación Modular y las especialidades formativas dirigidas a la obtención de certificados de profesionalidad se incluyen en el Fichero de Especialidades del Servicio Público de Empleo Estatal para su gestión en todo el territorio nacional por cualquier Administración competente.

Las especialidades complementarias, pertenecen todas a la Familia profesional de Formación Complementaria (FCO) y tienen la consideración de formación transversal en áreas que se consideran prioritarias tanto en el marco de la Estrategia Europea para el Empleo y del Sistema Nacional de Empleo como en las directrices establecidas por la Unión Europea. Se consideran áreas prioritarias las relativas a tecnologías de la información y la comunicación, la prevención de riesgos laborales, la sensibilización en medio ambiente, la promoción de la igualdad, la orientación profesional y aquellas otras que se establezcan por la Administración competente.

Las especialidades de Certificado de profesionalidad tienen una duración específicada en su normativa reguladora.

En el resultado de la búsqueda, se muestran las unidades de competencia, todos los módulos formativos con su duración y las unidades formativas del certificado correspondiente, con su duración. Las horas del certificado, exclusivo de las especialidades de certificado de profesionalidad, con alta igual o superior a 2008, son las horas totales más las horas del módulo de Prácticas Profesionales no Laborales.

- ⮑ **Si la especialidad tiene unidades formativas,** las horas totales, presencial, distancia, teleformación serán igual a la suma de esas horas de las unidades formativas de los distintos módulos, sin que se repita ninguna Unidad formativa.

⮞ **Si la especialidad no tiene unidades formativas,** las horas totales, presencial, distancia, teleformación serán igual a las sumas de esas horas de los módulos formativos, eliminando las horas de los módulos repetidos.

https://sede.sepe.gob.es/especialidadesformativas/RXBuscadorEFRED/BusquedaEspecialidades.do

(Fuente: Servicio Público de Empleo Estatal)

# Índice

Unidad de aprendizaje 1
## Revisión de conceptos y validación de datos

1. Introducción                                              11
2. Revisión de conceptos básicos en Excel                   11
3. Validación de datos y control de errores                 18
4. Reglas de entrada y listas desplegables                  24
5. Herramientas de análisis previo                          30
6. Resumen                                                  40
   Ejercicios de autoevaluación                             43

Unidad de aprendizaje 2
## Filtros automáticos y avanzados

1. Introducción                                              49
2. Aplicación de filtros automáticos                        49
3. Filtros personalizados y por condiciones                 53
4. Filtros avanzados con criterios múltiples                59
5. Extracción de datos filtrados                            62
6. Resumen                                                  64
   Ejercicios de autoevaluación                             67

Unidad de aprendizaje 3
## Funciones, vínculos y trabajo con bases de datos

1. Introducción                                              73
2. Funciones de búsqueda: BUSCARV, BUSCARH,
   INDICE, COINCIDIR                                         73
3. Trabajo con varias hojas y funciones tridimensionales    86
4. Vinculación de datos externos y conexión con
   bases de datos                                           90
5. Gestión de bases de datos vinculadas a Excel             93
6. Resumen                                                  97
   Ejercicios de autoevaluación                             99

Unidad de aprendizaje 4
## Subtotales y esquemas, tablas dinámicas e introducción a macros

1. Introducción                                                    105
2. Subtotales y esquemas automáticos                               105
3. Creación y personalización de tablas dinámicas                  111
4. Análisis interactivo con segmentaciones
   y campos calculados                                             118
5. Introducción a macros: grabación y ejecución básica             123
6. Resumen                                                         127
   Ejercicios de autoevaluación                                    129

**Glosario**                                                       133

**Bibliografía**                                                   135

# OBJETIVOS GENERALES

Los objetivos general del **IFCT184PO. Análisis de datos y vinculación de BBDD con Excel,** son:

- ➲ Utilizar la herramienta de Excel para el análisis y gestión de datos externos, vinculados a una hoja de cálculo: filtros, filtros avanzados, funciones de búsqueda y referencia, conexiones a datos externos, creación de subtotales y tablas dinámicas.
- ➲ Dominar las herramientas básicas de Excel para revisar, validar y controlar la calidad de los datos, evitando errores que puedan afectar al análisis y a la interpretación de la información.
- ➲ Aprender las técnicas de filtrado en Excel para analizar grandes volúmenes de datos y localizar rápidamente la información relevante según diferentes criterios.
- ➲ Saber utilizar las funciones de búsqueda, establecer vínculos entre hojas y conectar Excel con bases de datos externas para trabajar con información de manera integrada y eficiente.
- ➲ Adquirir competencias en el uso de subtotales y tablas dinámicas para resumir y analizar información, además de introducirse en la automatización mediante macros.

# Revisión de conceptos y validación de datos

# Contenido

1. Introducción
2. Revisión de conceptos básicos en Excel
3. Validación de datos y control de errores
4. Reglas de entrada y listas desplegables
5. Herramientas de análisis previo
6. Resumen

# Objetivos

El objetivo general de esta Unidad de Aprendizaje es:

→ Dominar las herramientas básicas de Excel para revisar, validar y controlar la calidad de los datos, evitando errores que puedan afectar al análisis y a la interpretación de la información.

Los objetivos específicos de esta Unidad de Aprendizaje son:

→ Reconocer los elementos básicos de una hoja de cálculo: celdas, filas, columnas, hojas y libros.

→ Diferenciar los tipos de datos más habituales en Excel (texto, número y fecha).

→ Aplicar formatos y alineaciones para mejorar la presentación de la información.

→ Implementar validaciones para restringir la entrada de datos y evitar errores.

→ Configurar mensajes de error personalizados que guíen al usuario.

→ Crear listas desplegables para introducir datos de forma controlada.

→ Realizar ejercicios prácticos aplicando validación y listas en un archivo de ejemplo.

# 1. Introducción

La calidad de los datos es la base de cualquier análisis fiable. En Excel, un dato mal introducido puede alterar los cálculos, generar conclusiones erróneas o incluso impedir que un informe funcione correctamente.

En el trabajo diario, es habitual enfrentarse a problemas como totales incorrectos, celdas con datos incoherentes o categorías mal escritas. Estos errores, aunque pequeños en apariencia, se acumulan y dificultan la toma de decisiones.

Para evitarlo, resulta fundamental aplicar herramientas que garanticen la coherencia desde el inicio: validaciones de datos, listas desplegables y filtros. Con ellas, se consigue que la información permanezca limpia, uniforme y lista para un análisis seguro eficiente.

A lo largo de esta unidad seguiremos a Elsa y Rocío, dos compañeras que gestionan la base de datos de ventas de su pequeña empresa de productos artesanales.

# 2. Revisión de conceptos básicos en Excel

 **HILO CONDUCTOR**

Elsa y Rocío han trabajado durante meses en un mismo archivo de ventas, pero cada vez que alguien nuevo lo abre, se pierde buscando dónde está cada dato. Deciden que antes de seguir con tareas avanzadas, necesitan asegurarse de que todo el equipo entiende perfectamente cómo está organizada una hoja de cálculo.

Antes de empezar a trabajar con Excel, necesitamos conocer sus piezas básicas. Piensa que una hoja de cálculo es como una gran cuadrícula. En ella distinguiremos las celdas, las filas y las columnas, que son las que nos permiten ubicar la información.

A continuación, explicaremos el significado de cada uno de estos elementos y veremos la diferencia entre una hoja y un libro de Excel:

➲ **Celda.** Una **celda** es la unidad mínima de trabajo en Excel. Es el espacio donde se introduce un dato o una fórmula. Por ejemplo, A1:

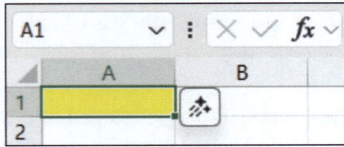

La celda es el elemento básico de Excel identificado por la intersección de una fila y una columna.

➲ **Fila.** La **fila** es el conjunto horizontal de celdas, identificada por un número.

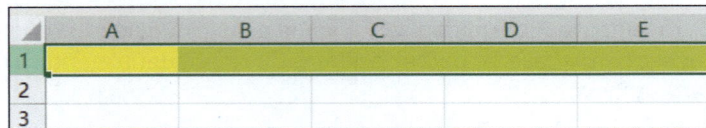

Las filas en Excel se identifican por un número en el margen izquierdo de la hoja.

➲ **Columna.** Una **columna** es un conjunto vertical de celdas, identificado por una letra.

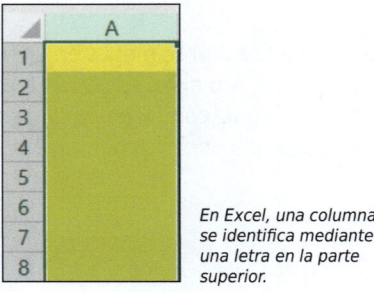

En Excel, una columna se identifica mediante una letra en la parte superior.

➲ **Hoja.** Una **hoja** es cada pestaña dentro del archivo. Puede contener miles de filas y columnas.

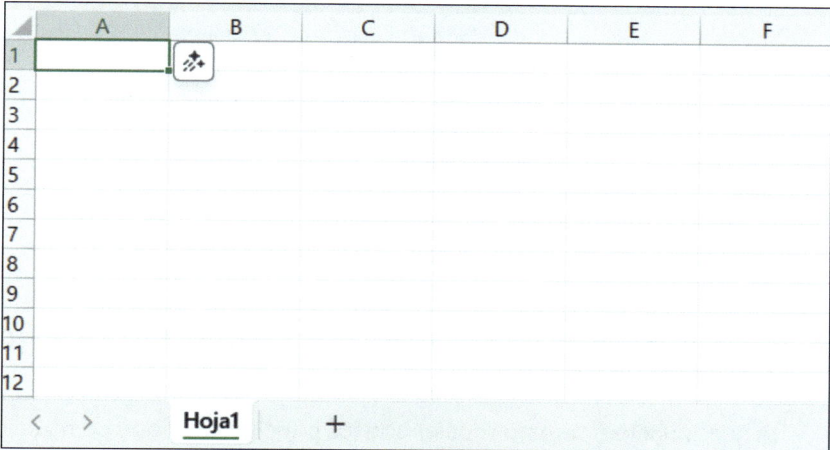

*En un archivo de Excel es posible cambiar entre distintas hojas del libro.*

*Cada hoja de Excel se identifica mediante una pestaña
ubicada en la parte inferior del libro, que puede
renombrarse para organizar mejor la información.*

➲ **Libro.** Un **libro** es el archivo de Excel en sí, que puede tener una o varias hojas. En la parte inferior de Excel están las pestañas de las hojas, que se pueden renombrar y mover.

*Un libro de Excel puede contener varias hojas en un mismo archivo, lo que facilita
organizar la información en secciones separadas.*

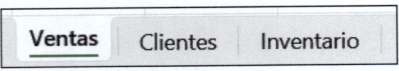

*En un libro de Excel, cada pestaña representa una hoja distinta. Nombrarlas de forma clara, como "Ventas", "Clientes" o "Inventario", ayuda a organizar mejor la información y facilita el acceso rápido a los datos.*

## 2.1. Tipos de datos

En Excel se pueden introducir distintos tipos de datos, y cada uno cumple una función específica.

A continuación, veremos cuáles son los principales tipos y cómo se utilizan en las hojas de cálculo:

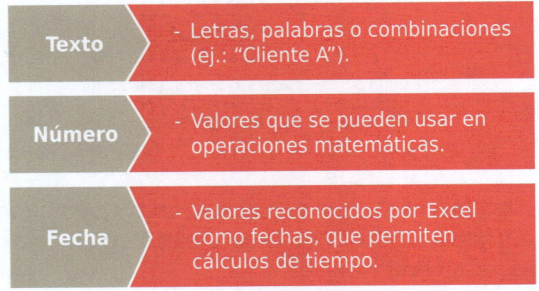

En Excel no todos los datos se comportan de la misma manera. Es importante reconocer qué tipo de información estamos introduciendo, ya que de ello dependerá cómo podremos trabajar con ella en cálculos, filtros o análisis.

Si seguimos los **pasos** que se exponen a continuación, veremos en la columna A los diferentes tipos de datos reconocidos por Excel y en la columna B ejemplos prácticos que muestran cómo se utilizan en una hoja de cálculo. Los diferentes **pasos** son:

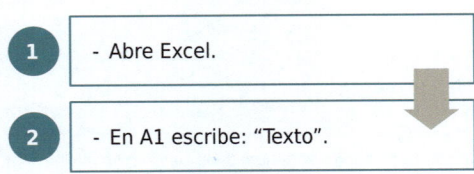

*Continúa en página siguiente >>*

*<< Viene de página anterior*

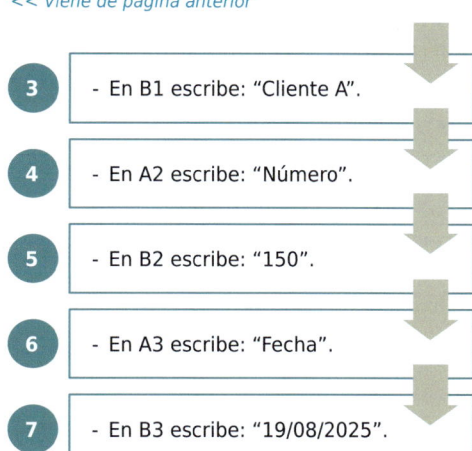

**3** - En B1 escribe: "Cliente A".

**4** - En A2 escribe: "Número".

**5** - En B2 escribe: "150".

**6** - En A3 escribe: "Fecha".

**7** - En B3 escribe: "19/08/2025".

## IMPORTANTE

Si se escribe una fecha como texto (por ejemplo, "enero 2025" sin formato correcto), Excel no podrá tratarla como fecha.

## EJEMPLO

En la siguiente tabla se muestran tres columnas: una con texto, otra con números y otra con fechas. Además, se muestra un ejemplo erróneo (fecha escrita como texto) con advertencia.

| | A | B | C | D |
|---|---|---|---|---|
| 1 | Nombre del cliente (Texto) | Cantidad (Número) | Fecha de compra (Fecha) | |
| 2 | Elsa Duce | 12 | 15/01/2025 | |
| 3 | Irati Gómez | 8 | 02/02/2025 | |
| 4 | Eros Martínez | 5 | **enero 2025** ✗ *(fecha escrita como texto)* | |
| 5 | Rocío Herrera | 20 | 10/03/2025 | |

*Ejemplo de tabla en Excel donde se muestran diferentes tipos de datos: texto, números y fechas.*

Los **formatos** permiten mostrar el dato de forma adecuada: moneda, porcentaje, número con decimales, fecha corta o larga.

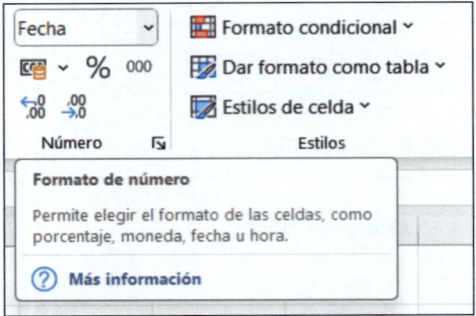

*El formato de número en Excel se encuentra en la sección **Número** y permite adaptar la presentación de los datos según su naturaleza.*

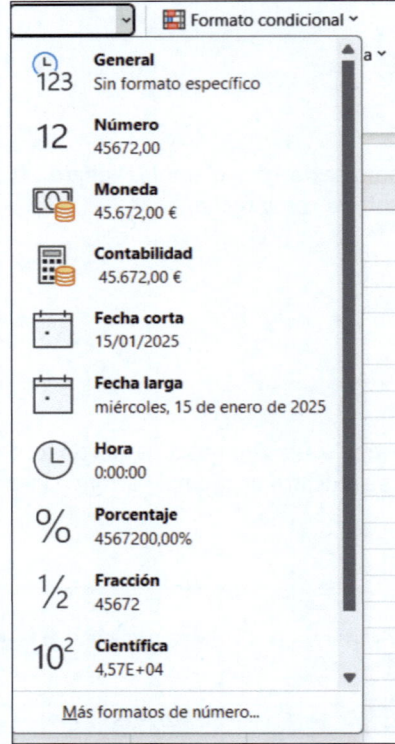

*Excel ofrece diferentes formatos de número que permiten dar sentido a los datos, ya sea como valores monetarios, fechas, horas o porcentajes.*

Las **alineaciones**, por su parte, permiten mejorar la presentación: izquierda, centro o derecha:

*El grupo de opciones de alineación en Excel permite ajustar la posición del contenido dentro de las celdas para mejorar la presentación de la información.*

En Excel, además de introducir datos, es posible darles una mejor presentación ajustando su posición dentro de las celdas.

A continuación, se muestran las opciones de alineación horizontal y vertical, que permiten colocar el contenido a la izquierda, al centro o a la derecha, así como en la parte superior, en el medio o en la parte inferior de la celda:

⊃ **Alineación horizontal (fila superior de iconos):**

- ○ **Alinear a la izquierda.** El contenido se pega al lado izquierdo de la celda.
- ○ **Centrar.** El contenido se coloca justo en el medio de la celda (horizontal).
- ○ **Alinear a la derecha.** El contenido se pega al lado derecho de la celda.

⊃ **Alineación vertical (fila inferior de iconos):**

- ○ **Alinear en la parte superior.** El texto queda en la parte superior de la celda.
- ○ **Alinear en el medio.** El texto se centra verticalmente en la celda.
- ○ **Alinear en la parte inferior.** El texto queda en la parte baja de la celda.

A continuación, se muestra una misma celda con formato de número, moneda y porcentaje para que se vea la diferencia:

| | Formato aplicado | Valor mostrado en Excel |
|---|---|---|
| 7 | | |
| 8 | Número | 1500 |
| 9 | Moneda | 1.500,00 € |
| 10 | Porcentaje | 150000% |

*Un mismo valor numérico puede mostrarse de distintas formas en Excel dependiendo del formato aplicado, como número, moneda o porcentaje.*

[ 17 ]

# 3. Validación de datos y control de errores

## ☞ HILO CONDUCTOR

Durante una revisión, Elsa descubre que en la columna "Cantidad" algunos registros tienen palabras como "dos" o "muchas" en vez de números. Esto provoca que las fórmulas de totales no funcionen. Rocío le explica que Excel puede impedir que se introduzcan datos incorrectos usando validación, así que juntas se proponen configurar reglas que solo permitan valores correctos y, si alguien se equivoca, mostrar un mensaje claro para que lo corrija.

- - - - - - - - - - - - - - - - - - - - - - - - - - - - - - - - - - - - - - -

La validación es una herramienta que **controla el tipo de datos que se pueden introducir en una celda** y sirve para:

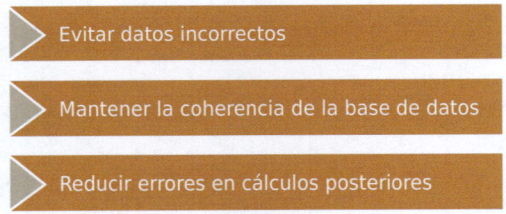

> Evitar datos incorrectos

> Mantener la coherencia de la base de datos

> Reducir errores en cálculos posteriores

Para acceder a la validación hay que seguir el siguiente recorrido:

**Datos → Herramientas de datos → Validación de datos**

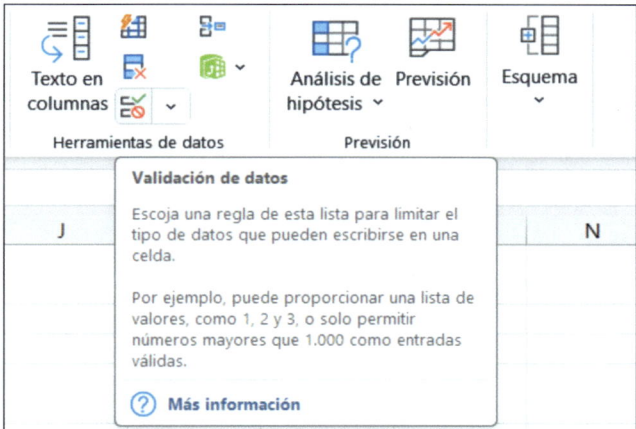

*La validación de datos en Excel permite controlar qué información puede introducirse en una celda, reduciendo errores y mejorando la coherencia de la base de datos.*

Por ejemplo, limitar la columna "Edad" para que solo acepte números entre 18 y 99. Los **pasos** serían:

➲ **Paso 1** → Seleccionar la columna.

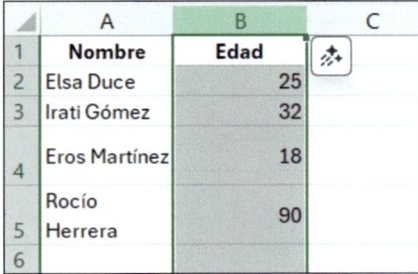

➲ **Paso 2 →** Ir a **Datos → Validación de datos.**

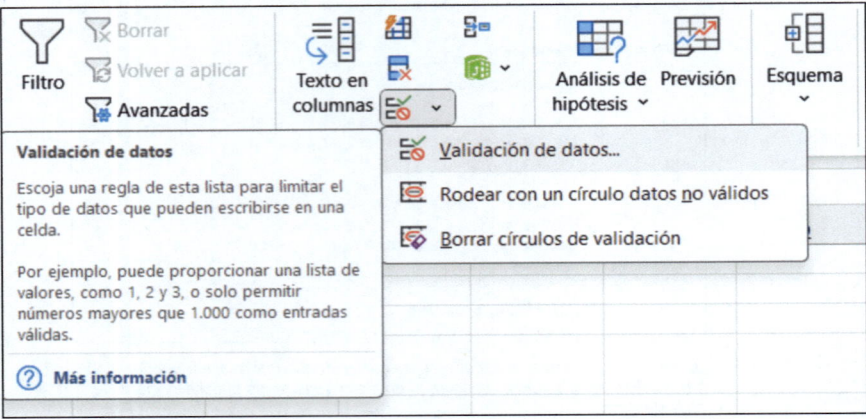

➲ **Paso 3 →** Tipo: Número entero.

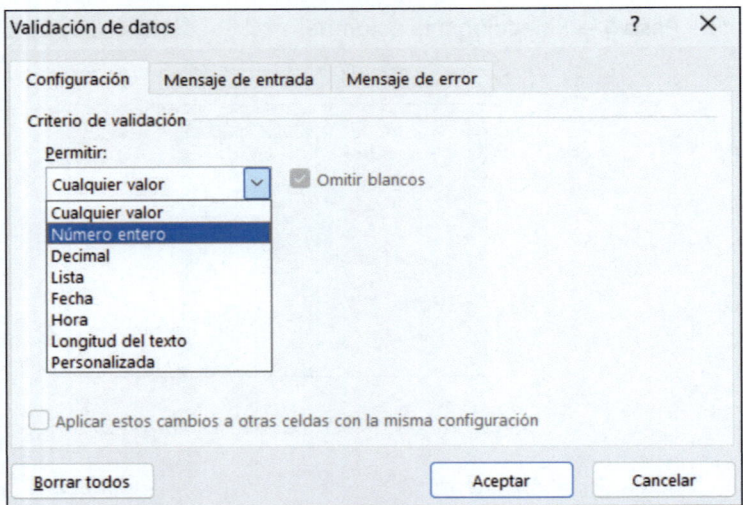

**Paso 4 →** Entre: 18 y 55.

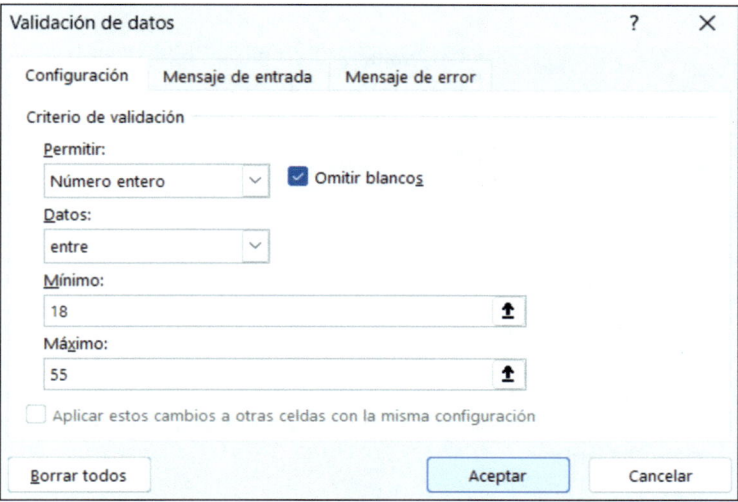

**Paso 5 →** Rodear con un círculo datos no válidos.

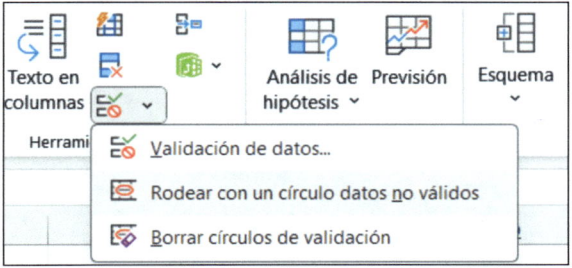

● **Paso 6** → El resultado final es el siguiente:

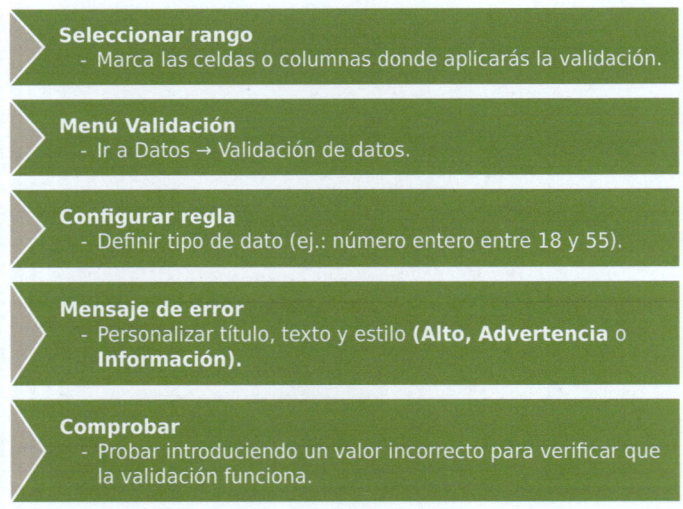

A continuación, se presentan los pasos básicos para aplicar una validación de datos: seleccionar el rango, abrir el menú de validación, configurar la regla, definir el mensaje de error y, finalmente, comprobar que funciona correctamente:

**Seleccionar rango**
- Marca las celdas o columnas donde aplicarás la validación.

**Menú Validación**
- Ir a Datos → Validación de datos.

**Configurar regla**
- Definir tipo de dato (ej.: número entero entre 18 y 55).

**Mensaje de error**
- Personalizar título, texto y estilo **(Alto, Advertencia** o **Información).**

**Comprobar**
- Probar introduciendo un valor incorrecto para verificar que la validación funciona.

Se pueden mostrar mensajes de error personalizados para indicar por qué el dato no es válido. Por ejemplo: "Introduzca un número entero entre 18 y 55".

En validación de datos, en la ventana que se abre, ve a la pestaña **Mensaje de error:**

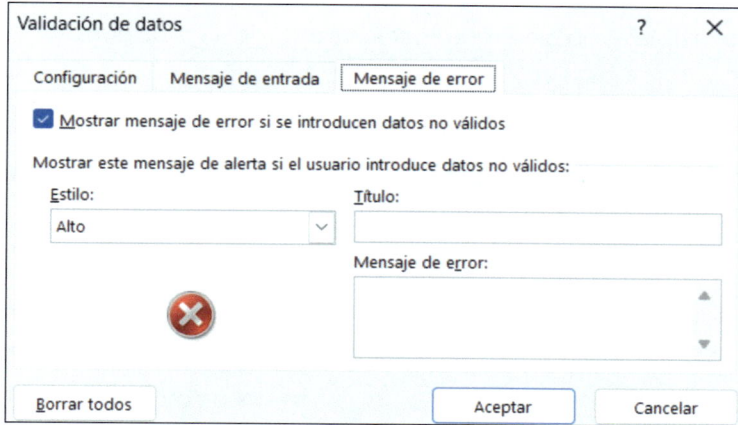

Marca la casilla **Mostrar mensaje de error si se introducen datos no válidos.** Configura:

⊃ **Estilo:**

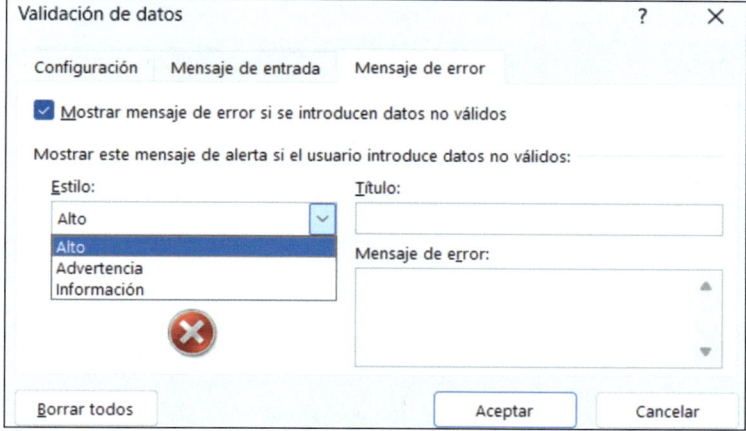

◑ **Alto** → Bloquea el dato y muestra un error (recomendado para evitar datos incorrectos).
◑ **Advertencia** → Muestra aviso, pero permite guardar el dato.
◑ **Información** → Muestra mensaje informativo.

⊃ **Título:** texto breve que aparecerá en la ventana de error.

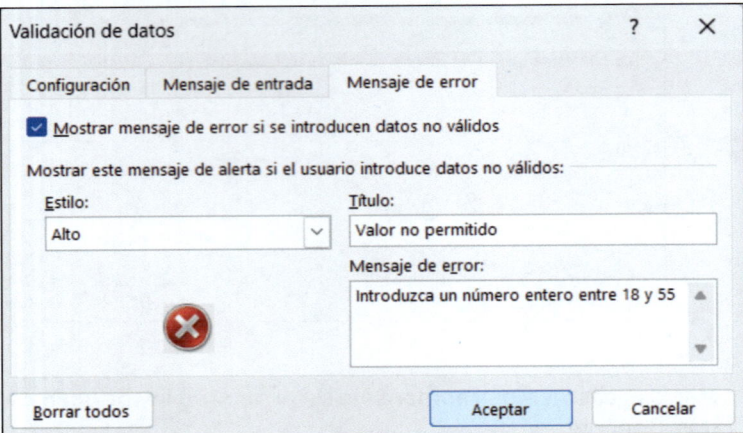

⊃ **Mensaje de error:** explicación del motivo del error y qué debe introducir el usuario.

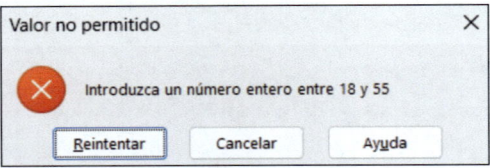

*Mensaje emergente de error en Excel con texto personalizado*

## 4. Reglas de entrada y listas desplegables

### 👉 HILO CONDUCTOR

Al revisar las ventas por categoría, Elsa encuentra que un mismo producto aparece como "Textil", "Textiles" y "Ropa", lo que dificulta hacer un análisis. Rocío propone crear listas desplegables para que todos elijan siempre la misma categoría predefinida. Así evitarán variaciones en la escritura y podrán analizar la información sin errores por diferencias en el formato de los datos.

Una **lista desplegable** es un menú que aparece al seleccionar una celda y que permite elegir un valor de un conjunto de opciones predefinidas. Esta opción presenta tres **beneficios** principales:

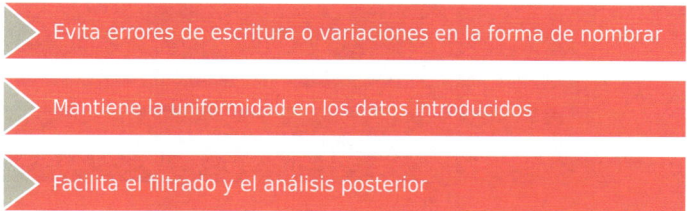

Evita errores de escritura o variaciones en la forma de nombrar

Mantiene la uniformidad en los datos introducidos

Facilita el filtrado y el análisis posterior

Antes de crear la lista desplegable, es recomendable escribir todas las opciones en un rango de celdas de la hoja (puede ser en la misma hoja o en una hoja específica para configuraciones).

## EJEMPLO

En la hoja **Opciones** escribir:

- **F1: Electrodomésticos**
- **F2: Muebles**
- **F3: Textil**
- **F4: Otros**

A continuación, se detallan los **pasos** para crear una **lista desplegable:**

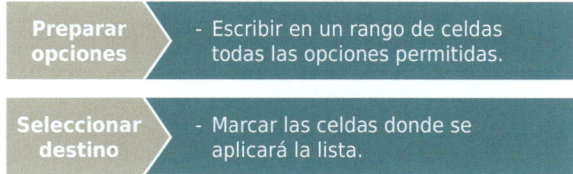

**Preparar opciones** — - Escribir en un rango de celdas todas las opciones permitidas.

**Seleccionar destino** — - Marcar las celdas donde se aplicará la lista.

*Continúa en página siguiente >>*

*<< Viene de página anterior*

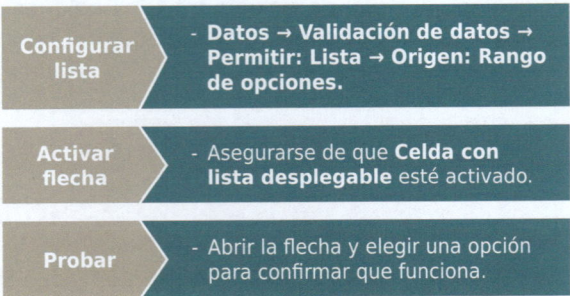

Si el usuario escribe un valor que no esté en la lista, Excel mostrará un mensaje de error (si está activada la opción **Mostrar mensaje de error**). Esto asegura que solo se introduzcan valores correctos.

##  EJEMPLO

A continuación, se muestra un ejemplo paso a paso para crear una lista desplegable en la columna "Categoría de producto", con las opciones "Electrodomésticos", "Muebles", "Textil" y "Otros":

**Paso 1 - Escribir las opciones**

- En cualquier parte de la hoja (o en otra hoja llamada "Opciones"), escribe cada opción en una celda distinta:

| | A | B | C | D | E | F |
|---|---|---|---|---|---|---|
| 1 | Nombre del cliente | Categoría de producto | | | Categoría de producto | |
| 2 | Elsa Duce | | | | Electrodomésticos | |
| 3 | Irati Gómez | | | | Muebles | |
| 4 | Eros Martínez | | | | Textil | |
| 5 | Rocío Herrera | | | | Otros | |
| 6 | | | | | | |
| 7 | | | | | | |

*Continúa en página siguiente >>*

*<< Viene de página anterior*

- Electrodomésticos
- Muebles
- Textil
- Otros

**Paso 2 - Seleccionar la columna donde irá la lista**

- Ve a la tabla y selecciona las celdas de la columna **Categoría de producto.** B2:B5 (la columna Categoría de producto de la tabla principal).

**Paso 3 - Abrir la validación de datos**

- En la cinta de opciones, ve a **Datos → Validación de datos** (en el grupo Herramientas de datos).

**Paso 4 - Configurar la lista**

- En la pestaña **Configuración,** en **Permitir,** selecciona **Lista:**

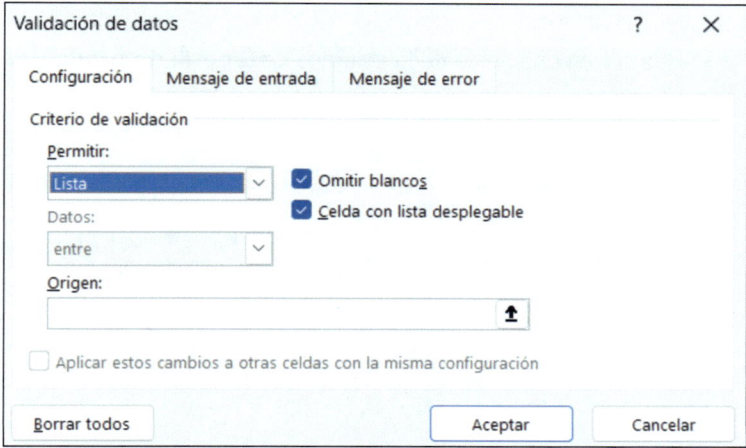

- En **Origen,** selecciona el rango donde escribiste las opciones, E2:E5:

*Continúa en página siguiente >>*

*<< Viene de página anterior*

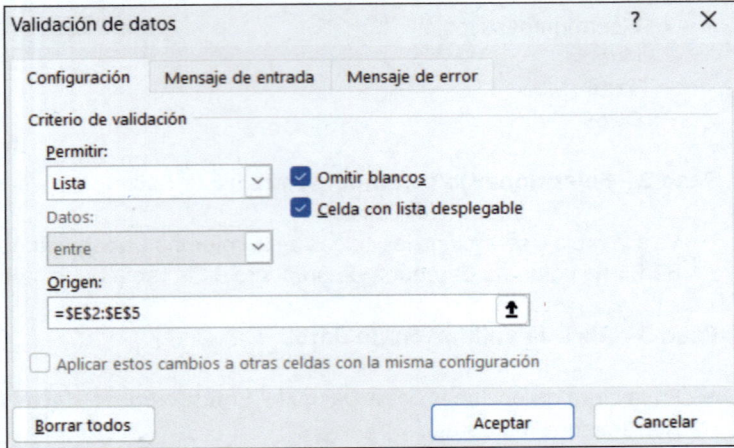

- Asegúrate de que la casilla **Celda con lista desplegable** esté activada.
- Haz clic en **Aceptar.**

**Paso 5 - Probar la lista**

- Haz clic en una celda de la columna **Categoría de producto:**

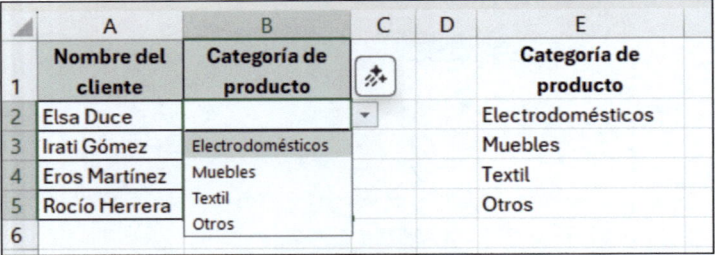

- Verás una flecha. Haz clic en la flecha y elige una opción.
  Con esto lo que haces es que en la columna **Categoría de producto** no se pueda escribir cualquier cosa, sino que al hacer clic salga una lista de opciones para elegir. Después de esto ocurre lo siguiente:
- **Cuando alguien pincha en la celda, verá una flechita.**
- **Si pulsa la flechita, se abre la lista y elige una de esas cuatro opciones.**

*Continúa en página siguiente >>*

*<< Viene de página anterior*

- **Si intenta escribir algo diferente (por ejemplo "mueble" o "ropa"), Excel le dice que ese valor no está permitido:**

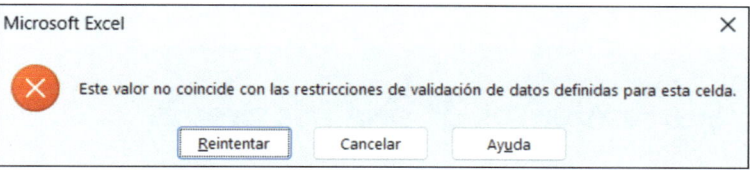

Es como darles a los usuarios un menú cerrado para que no se equivoquen al escribir.

---

## APLICACIÓN PRÁCTICA

La validación de datos en Excel se utiliza para limitar qué valores se pueden introducir en una celda, como establecer rangos numéricos o listas desplegables. ¿Cuál de las siguientes opciones describe una buena práctica en el uso de validación de datos?

- Dejar todas las celdas libres para que las personas introduzcan cualquier dato, aunque sean valores incoherentes, ya que Excel lo corrige automáticamente.
- Configurar la validación para aceptar únicamente números enteros en la columna "Edad" entre 18 y 99, y añadir un mensaje de error personalizado si se introducen valores fuera de ese rango.
- Crear listas desplegables pero permitir que los usuarios escriban valores adicionales, aunque no estén en la lista, para no restringir demasiado las opciones.
- Usar la validación solo en casos excepcionales y compartir instrucciones en un documento aparte en lugar de configurar mensajes de error en Excel.

**Solución**

Configurar la validación para aceptar únicamente números enteros en la columna "Edad" entre 18 y 99, y añadir un mensaje de error personalizado si se

*Continúa en página siguiente >>*

*<< Viene de página anterior*

introducen valores fuera de ese rango, refleja el uso correcto de la validación: establecer reglas claras (como rangos de edad válidos), reforzarlas con mensajes de error personalizados y garantizar la coherencia de los datos.

---

# 5. Herramientas de análisis previo

## ☞ HILO CONDUCTOR

Con la base de datos más limpia, Elsa y Rocío quieren detectar rápidamente la información que necesitan. A veces solo les interesan las ventas de un producto concreto o de un rango de fechas determinado. Para ello, comienzan a usar filtros automáticos, personalizados y avanzados, lo que les permite centrarse en los datos relevantes y preparar informes mucho más claros y rápidos de elaborar.

---

Los **filtros** permiten mostrar únicamente los datos que cumplen una o varias condiciones, sin eliminar el resto de la información de la hoja.

Los **tipos de filtros** más utilizados en Excel son los siguientes:

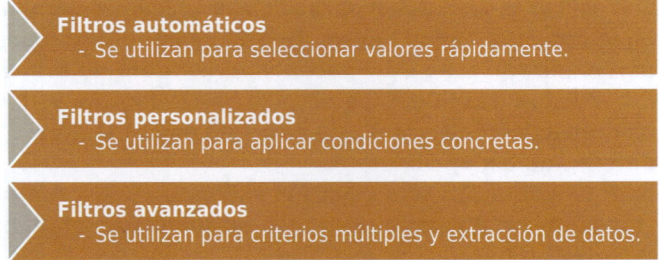

**Filtros automáticos**
- Se utilizan para seleccionar valores rápidamente.

**Filtros personalizados**
- Se utilizan para aplicar condiciones concretas.

**Filtros avanzados**
- Se utilizan para criterios múltiples y extracción de datos.

En Excel, los filtros son una herramienta muy útil para analizar tablas de forma rápida y precisa.

A continuación, veremos cómo activar los iconos de filtro en los encabezados de una tabla y utilizarlos para seleccionar la información que necesitamos. Los **pasos** son los siguientes:

⮑ **Paso 1.** Selecciona toda la tabla (incluye la fila de encabezados).

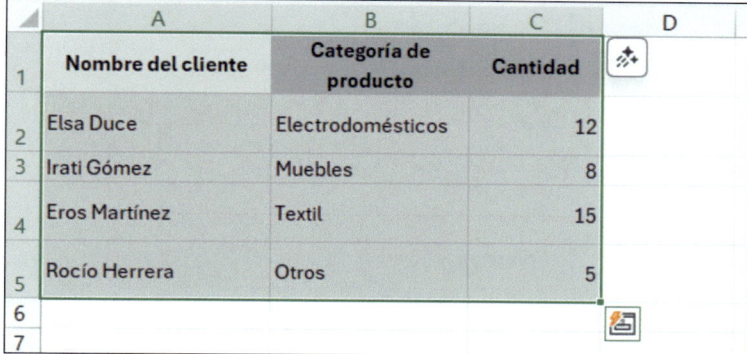

El primer paso para activar los filtros en Excel es seleccionar toda la tabla, incluyendo la fila de encabezados.

⮑ **Paso 2.** Ve a la pestaña **Datos** en la cinta de opciones.
⮑ **Paso 3.** Haz clic en el botón **Filtro** (icono de embudo) que está en el grupo **Ordenar y filtrar.**

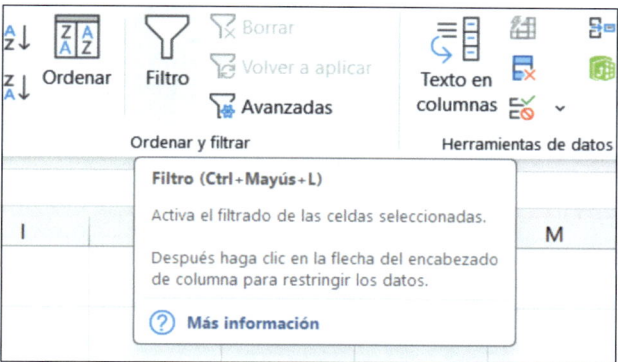

El botón de **Filtro** en Excel permite activar el filtrado de datos en las celdas seleccionadas.

**Paso 4.** Verás que en cada encabezado aparece una flecha:

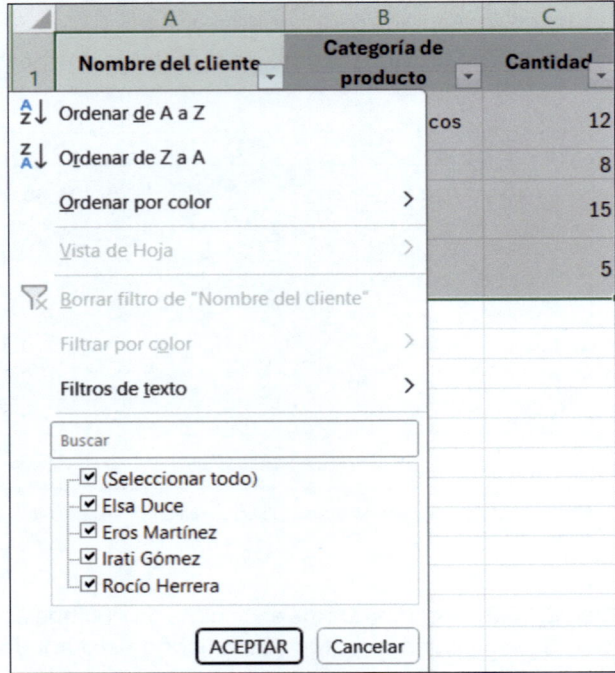

*Una vez activados los filtros en Excel, cada encabezado de columna muestra una flecha desplegable para seleccionar, ordenar o filtrar valores específicos.*

**Paso 5.** Haz clic en la flecha de cualquier columna para filtrar por valores o por condiciones (números, texto, fechas, etc.).

 **CONSEJO**

Si tu tabla está en formato de tabla de Excel [Ctrl + T], los filtros ya aparecen automáticamente.

## EJEMPLO

En este ejemplo vamos a realizar diferentes acciones basándonos en la tabla base que se expone a continuación.

Tabla base para practicar todos los filtros:

| Nombre de cliente | Ciudad | Categoría de producto | Importe (€) | Fecha de venta |
|---|---|---|---|---|
| Elsa Duce | Madrid | Electrodomésticos | 6200 | 15/01/2025 |
| Irati Gómez | Valencia | Textil | 3200 | 25/01/2025 |
| Eros Martínez | Madrid | Muebles | 5100 | 02/02/2025 |
| Rocío Herrera | Barcelona | Textil | 4800 | 18/02/2025 |
| Daniel Torres | Valencia | Textil | 5400 | 05/01/2025 |
| Alba Martín | Madrid | Muebles | 7200 | 12/03/2025 |
| Sergio López | Valencia | Electrodomésticos | 2800 | 22/03/2025 |
| Laura Pérez | Madrid | Textil | 3600 | 10/01/2025 |

**Aplicar un filtro automático:**

Por ejemplo, ver solo las ventas realizadas en "Madrid".

Los pasos para hacerlo son los siguientes:

- Seleccionar la tabla o rango de datos.
- Ir a **Datos → Filtro.**
- En el encabezado de la columna "Ciudad", desmarcar todas las opciones excepto "Madrid":

*Continúa en página siguiente >>*

*<< Viene de página anterior*

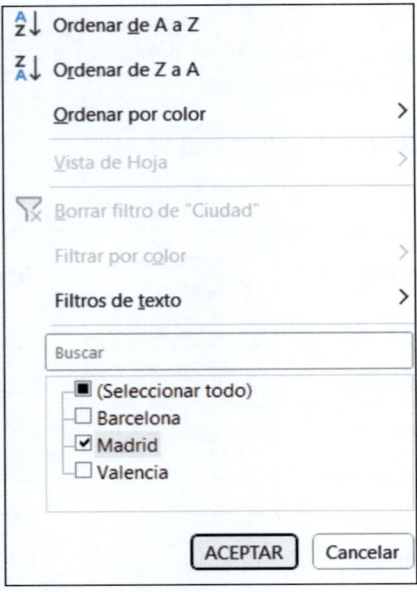

**Aplicar filtros personalizados:**

Permiten buscar datos que cumplan condiciones específicas.

Por ejemplo, mostrar ventas con importe mayor a 5.000 €.

Los pasos son los siguientes:

- En el encabezado "Importe", seleccionar **Filtro de número → Mayor que...:**

*Continúa en página siguiente >>*

*<< Viene de página anterior*

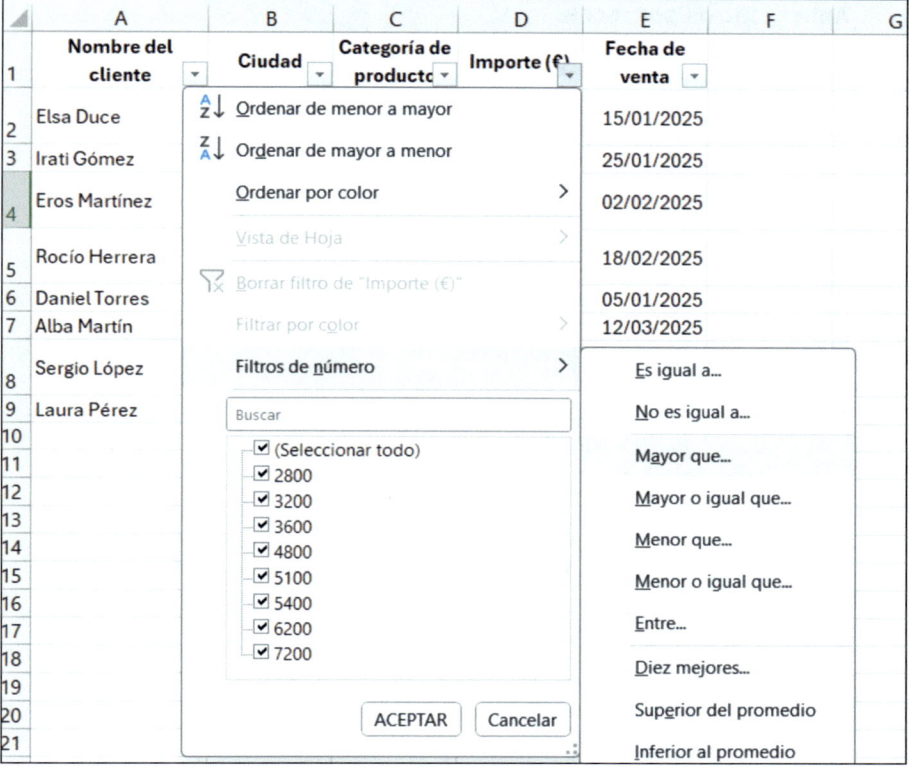

- Introducir "5000" y confirmar:

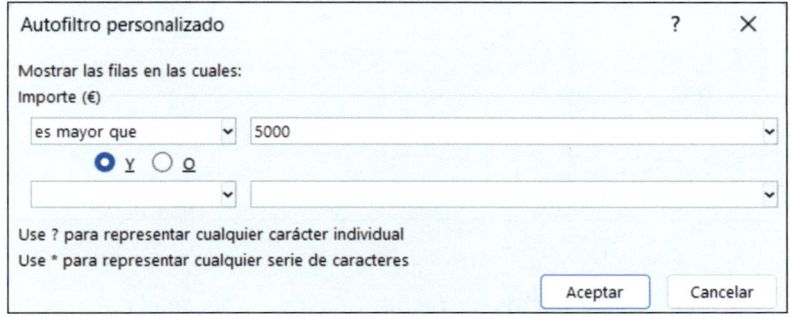

*Continúa en página siguiente >>*

*<< Viene de página anterior*

**Aplicar filtros por fecha:**

En columnas de tipo fecha, se puede filtrar por años, meses o días específicos.

Por ejemplo, mostrar solo ventas de enero de 2025.

Los pasos son los siguientes:

- En la columna "Fecha", abrir el filtro:

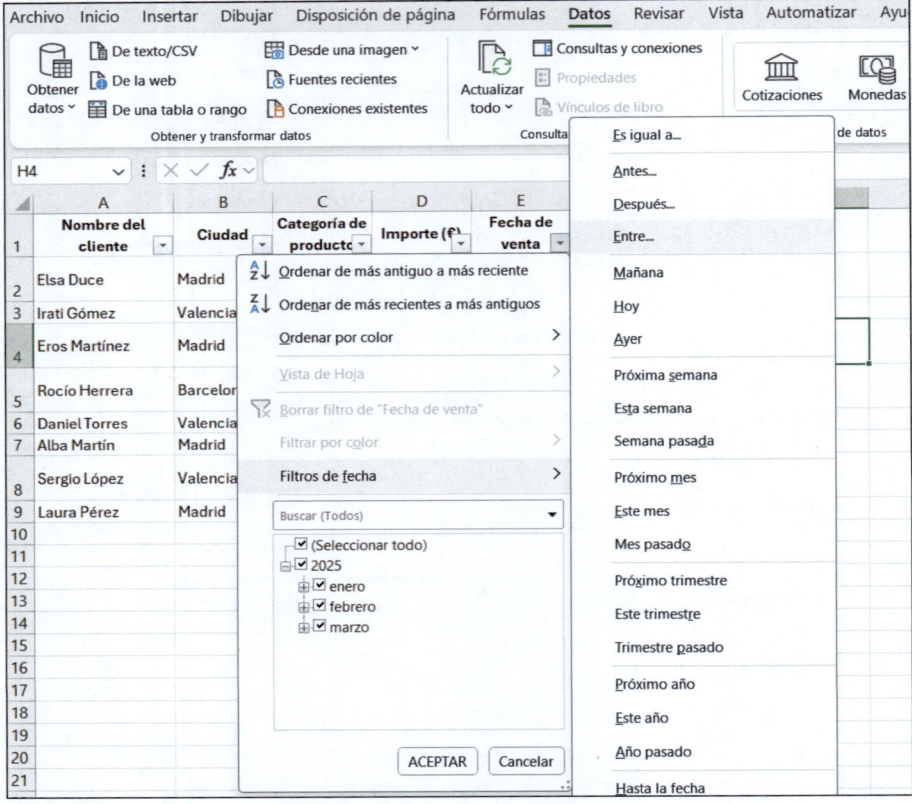

- Seleccionar **Filtros de fecha → Entre...** y definir el rango de fechas:

*Continúa en página siguiente >>*

*<< Viene de página anterior*

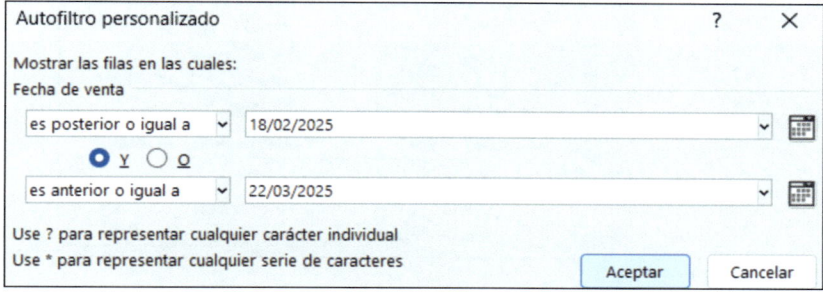

## Aplicar filtros avanzados con criterios múltiples:

Permiten aplicar varias condiciones a la vez y extraer los resultados a otra ubicación.

Por ejemplo, ver solo productos de categoría "Textil" vendidos en "Valencia".

Los pasos son los siguientes:

- Escribir en un rango aparte los criterios:

  - Categoría = Textil, Ciudad = Valencia. En un lugar vacío de la hoja (por ejemplo, en G1:H2), escribe los nombres de las columnas exactamente igual que en la tabla:

    Ciudad Categoría de producto

    Valencia Textil

El nombre de la columna debe coincidir letra por letra con el encabezado original (incluyendo tildes y espacios).

- **Abrir el filtro avanzado:**

  1. Selecciona cualquier celda de tu tabla principal.
  2. Ve a **Datos** → **Avanzadas** (en el grupo **Ordenar y filtrar**):

*Continúa en página siguiente >>*

*<< Viene de página anterior*

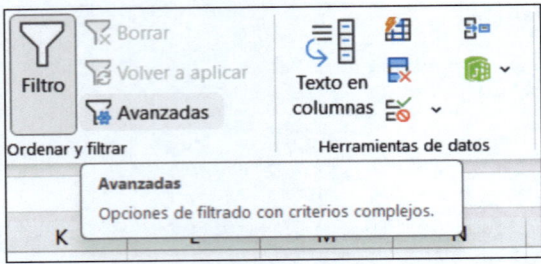

- Configurar el filtro:

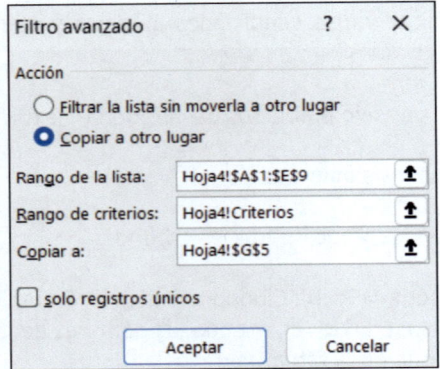

- · **Rango de lista:** selecciona toda tu tabla incluyendo los encabezados (A1:E9).
- · **Rango de criterios:** selecciona el rango donde escribiste las condiciones (G1:H2).
- · Marca **Copiar a otro lugar.**
- · En **Copiar a:** selecciona la celda donde quieres que se muestren los resultados filtrados (por ejemplo, G5).

*Continúa en página siguiente >>*

*<< Viene de página anterior*

- **Ver el resultado:**

| Nombre del cliente | Ciudad | Categoría de producto | Importe (€) | Fecha de venta | |
|---|---|---|---|---|---|
| Irati Gómez | Valencia | Textil | 3200 | 25/01/2025 | |
| Daniel Torres | Valencia | Textil | 5400 | 05/01/2025 | |
| | | | | | |

- Excel copiará a partir de G5 únicamente las filas que cumplen:

    – Ciudad = Valencia
    – Categoría de producto = Textil

## TAREA 1

La empresa Distribuciones Baztán S. L. necesita organizar mejor su base de datos de ventas. Hasta ahora, cada empleado/a escribía libremente la categoría del producto vendido, lo que provocaba registros inconsistentes para referirse a lo mismo. Para evitar errores, la dirección decide crear una lista desplegable que unifique las categorías y limite la introducción de datos.

En este caso, las opciones serán:

- Informática
- Papelería
- Alimentación
- Limpieza

Tu tarea es ayudar al equipo de ventas a configurar la lista desplegable en la columna "Categoría de producto" de su hoja de Excel.

**ACTIVIDAD COMPLEMENTARIA**

1. Explora la función de validación de datos en Excel y analiza cómo contribuye a mantener la coherencia de la información en una hoja de cálculo.
Debes responder a las siguientes cuestiones:

   · ¿Qué ventajas tendrá configurar reglas de validación en una hoja de cálculo compartida?
   · ¿Qué tipo de errores se podrán evitar con esta herramienta al aplicarla en ejemplos prácticos?
   · ¿Qué utilidad tendrán los mensajes de error personalizados y cómo redactarás uno de forma clara?

## 6. Resumen

La organización y calidad de los datos son la base para trabajar de forma eficiente en Excel. Esta unidad ha presentado las herramientas esenciales para estructurar una hoja de cálculo, garantizar la coherencia de la información y facilitar su análisis posterior.

Toda hoja de cálculo se compone de elementos básicos:

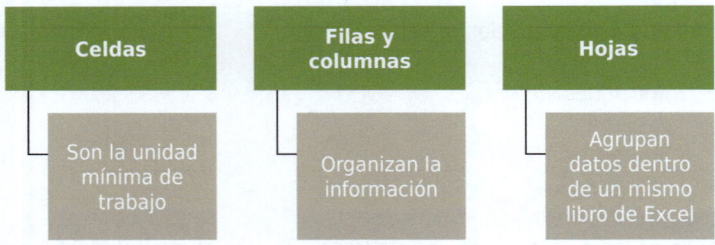

| Celdas | Filas y columnas | Hojas |
|--------|------------------|-------|
| Son la unidad mínima de trabajo | Organizan la información | Agrupan datos dentro de un mismo libro de Excel |

Excel permite introducir diferentes **tipos de datos:**

Texto → Números → Fechas

Es importante aplicar **formatos** adecuados (como moneda, porcentaje o fecha) para que los cálculos y la presentación sean correctos.

La **validación de datos** ayuda a evitar errores desde el momento de la introducción, estableciendo reglas (como permitir solo números enteros en un rango) y mostrando mensajes de error personalizados que guían al usuario.

Las **listas desplegables** estandarizan la información y evitan variaciones en la escritura (por ejemplo, "Textil" vs. "Textiles"), lo que facilita el filtrado y la generación de informes sin inconsistencias.

Por último, las **herramientas de análisis previo,** como los filtros automáticos, personalizados y avanzados, permiten centrarse en la información relevante y extraer rápidamente datos según criterios específicos (por ejemplo, por ciudad, importe o fecha).

# Ejercicios de autoevaluación
# Unidad de Aprendizaje 1

**1. ¿Qué es una celda en Excel?**

    a. La unidad mínima de trabajo donde se introduce un dato o fórmula.

    b. El conjunto horizontal de datos dentro de una hoja.

    c. El archivo completo con varias hojas.

    d. Una pestaña con datos organizados en filas y columnas.

**2. ¿Cómo se identifican las filas en una hoja de Excel?**

    a. Por letras (A, B, C, …)

    b. Por números (1, 2, 3, …)

    c. Por colores

    d. Por símbolos

**3. Indica si las siguientes oraciones son verdaderas o falsas:**

    a. "Una lista desplegable en Excel permite escribir cualquier valor libremente sin restricciones".

        ■ Verdadero
        ■ Falso

    b. "Las listas desplegables ayudan a mantener la uniformidad de los datos introducidos".

        ■ Verdadero
        ■ Falso

    c. "Para crear una lista desplegable, es recomendable escribir previamente las opciones en un rango de celdas".

        ■ Verdadero
        ■ Falso

**4. ¿Cuál de los siguientes NO es un tipo de dato reconocido por Excel de forma nativa?**

    a. Número
    b. Texto escrito como fecha (ej. "enero 2025")
    c. Fecha
    d. Texto

**5. ¿Qué diferencia existe entre una hoja y un libro en Excel?**

    a. Una hoja es el archivo, y un libro cada pestaña interna.
    b. Una hoja sirve solo para cálculos y el libro solo para gráficos.
    c. Una hoja contiene solo fórmulas y el libro solo datos.
    d. Una hoja es cada pestaña dentro del archivo, y el libro es el archivo completo.

**6. ¿Qué opción permite restringir la entrada de valores en una celda, como aceptar solo números entre 18 y 55?**

    a. Formato condicional
    b. Validación de datos
    c. Filtros automáticos
    d. Tablas dinámicas

**7. Relaciona las dos columnas uniendo cada concepto de la Columna A con la descripción correcta en la Columna B.**

**Columna A**

    a. Lista desplegable
    b. Validación de datos
    c. Mensaje de error
    d. Filtros avanzados

**Columna B**

    __ Permiten aplicar varias condiciones a la vez y extraer resultados a otra parte de la hoja.
    __ Menú en la celda que limita las opciones a un conjunto predefinido.

— Ventana emergente que avisa si se introduce un valor no permitido.
— Herramienta que restringe los valores que se pueden introducir en una celda.

**8. En los mensajes de error de validación, ¿qué estilo bloquea totalmente la introducción de datos no válidos?**

    a. Advertencia
    b. Información
    c. Alto
    d. Ninguno, siempre se permite escribir

**9. ¿Cuál es la principal ventaja de crear listas desplegables en Excel?**

    a. Reducir el tamaño del archivo
    b. Estandarizar la introducción de datos y evitar variaciones de escritura
    c. Mejorar la velocidad del ordenador
    d. Crear gráficos más rápidamente

**10. Indica si las siguientes oraciones son verdaderas o falsas:**

    a. "Al configurar una lista desplegable, en el apartado "Permitir" se debe seleccionar la opción Lista".

        ■ Verdadero
        ■ Falso

    b. "Los filtros automáticos y las listas desplegables sirven para lo mismo: ambos limitan los valores que se pueden introducir en la celda".

        ■ Verdadero
        ■ Falso

    c. "En el filtro avanzado, los encabezados de los criterios deben coincidir exactamente con los nombres de las columnas de la tabla".

        ■ Verdadero
        ■ Falso

# Filtros automáticos y avanzados

# Contenido

1. Introducción
2. Aplicación de filtros automáticos
3. Filtros personalizados y por condiciones
4. Filtros avanzados con criterios múltiples
5. Extracción de datos filtrados
6. Resumen

# Objetivos

El objetivo general de esta Unidad de Aprendizaje es:

→ Aprender las técnicas de filtrado en Excel para analizar grandes volúmenes de datos y localizar rápidamente la información relevante según diferentes criterios.

Los objetivos específicos de esta Unidad de Aprendizaje son:

→ Aplicar filtros automáticos en tablas para visualizar únicamente la información necesaria.

→ Configurar filtros personalizados por condiciones numéricas, textuales o de fechas.

→ Combinar criterios múltiples mediante filtros avanzados para realizar búsquedas complejas.

→ Extraer resultados filtrados a otras ubicaciones de la hoja para generar informes dinámicos.

# 1. Introducción

En muchas ocasiones, una hoja de cálculo contiene cientos o miles de registros, lo que dificulta encontrar datos concretos. Los filtros de Excel son una herramienta esencial para organizar y explorar esta información de forma rápida y precisa.

Con ellos es posible centrarse en un grupo reducido de registros que cumplen determinadas condiciones, sin necesidad de eliminar el resto. Desde filtros simples hasta avanzados con criterios múltiples, esta unidad mostrará cómo localizar y extraer información clave para elaborar informes más claros y útiles en la toma de decisiones.

Después de aprender a validar y estandarizar los datos, Elsa y Rocío se enfrentan ahora a un reto distinto: su archivo de ventas es cada vez más grande y resulta complicado encontrar lo que buscan. Para resolverlo, comienzan a usar filtros automáticos, personalizados y avanzados, con los que podrán centrarse solo en la información que necesitan en cada momento.

# 2. Aplicación de filtros automáticos

### ☞ HILO CONDUCTOR

Al revisar su archivo de ventas, Elsa se da cuenta de que muchas veces solo quiere ver los registros de una ciudad concreta, sin necesidad de borrar el resto. Rocío le muestra cómo aplicar filtros automáticos, una función que les permitirá mostrar solo la información que necesitan en ese momento.

------------------------------------------------

Un **filtro automático** es una herramienta que permite mostrar únicamente los datos que cumplen ciertas condiciones y ocultar temporalmente el resto. Es muy útil cuando se trabaja con tablas extensas, ya que facilita localizar información sin necesidad de eliminar filas.

En **Excel 365,** los filtros automáticos se activan de la siguiente manera:

**Paso 1.** Seleccionar toda la tabla, incluyendo los encabezados:

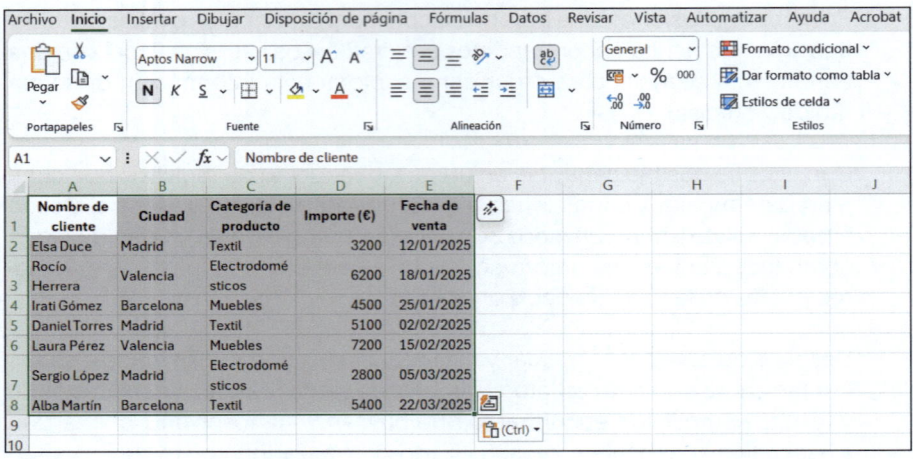

**Paso 2.** Ir a la pestaña **Datos** y hacer clic en **Filtro** (icono de embudo):

**Paso 3.** Aparecerán unas flechas desplegables en cada encabezado de columna:

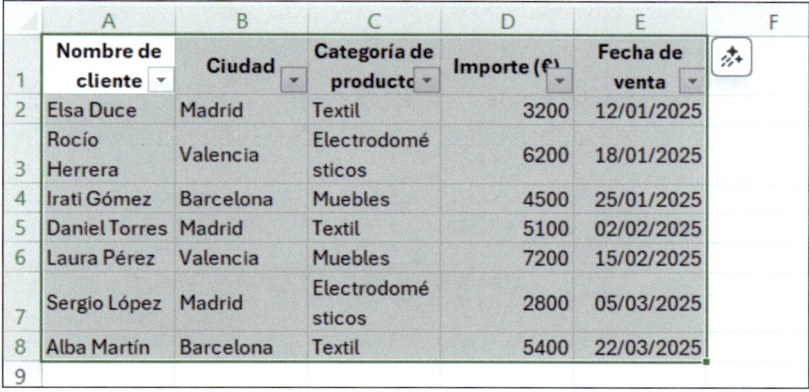

| | A | B | C | D | E | F |
|---|---|---|---|---|---|---|
| 1 | Nombre de cliente | Ciudad | Categoría de producto | Importe (€) | Fecha de venta | |
| 2 | Elsa Duce | Madrid | Textil | 3200 | 12/01/2025 | |
| 3 | Rocío Herrera | Valencia | Electrodomésticos | 6200 | 18/01/2025 | |
| 4 | Irati Gómez | Barcelona | Muebles | 4500 | 25/01/2025 | |
| 5 | Daniel Torres | Madrid | Textil | 5100 | 02/02/2025 | |
| 6 | Laura Pérez | Valencia | Muebles | 7200 | 15/02/2025 | |
| 7 | Sergio López | Madrid | Electrodomésticos | 2800 | 05/03/2025 | |
| 8 | Alba Martín | Barcelona | Textil | 5400 | 22/03/2025 | |
| 9 | | | | | | |

➲ **Paso 4.** Al hacer clic en la flecha, se pueden marcar o desmarcar los valores que se desean visualizar.

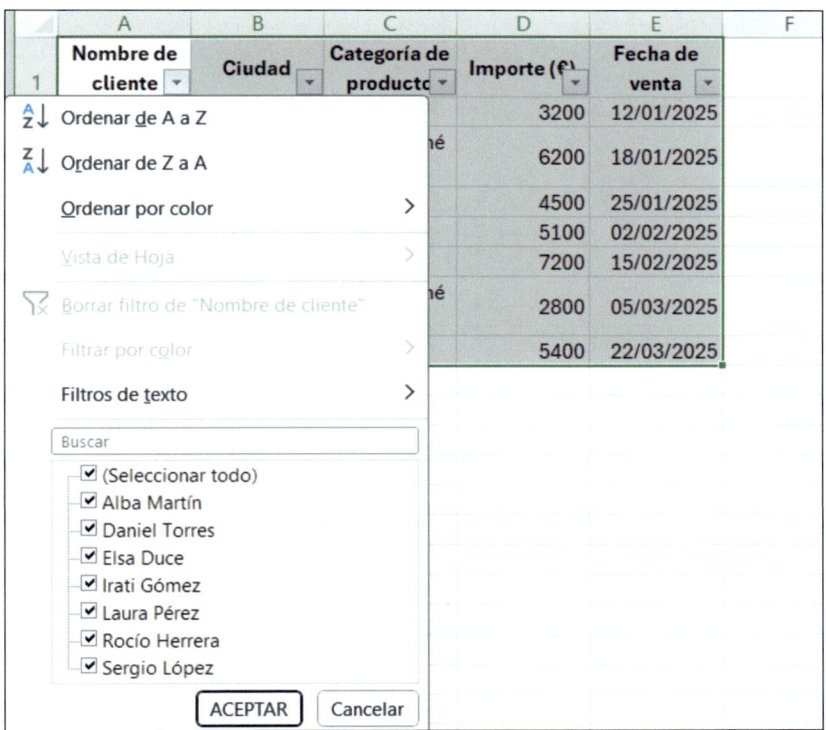

 **EJEMPLO**

Si en la columna "Ciudad" aparecen Madrid, Valencia y Barcelona, se puede elegir únicamente Madrid, y Excel ocultará el resto de registros:

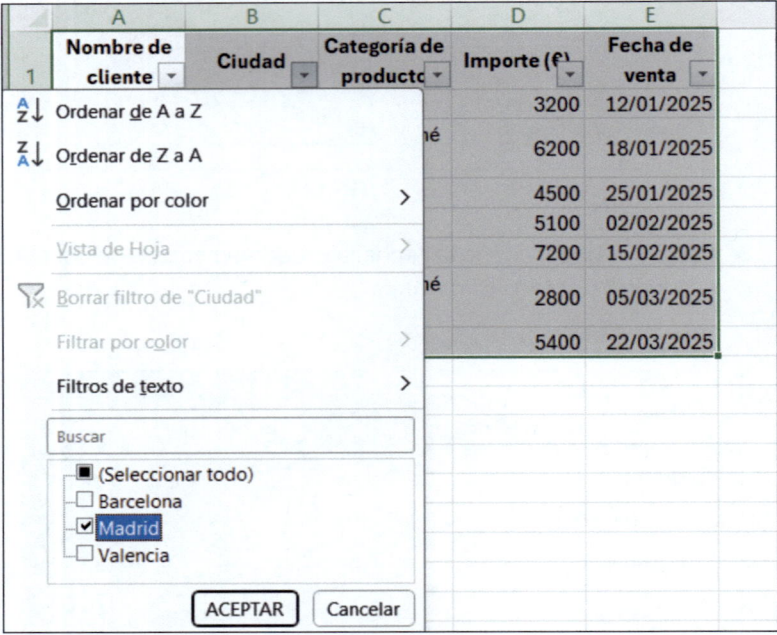

 **NOTA**

Los filtros permiten trabajar con la información de forma ordenada y rápida, sin modificar la base de datos original.

### ACTIVIDAD COMPLEMENTARIA

2. Investiga cómo funcionan los filtros automáticos en Excel y analiza de qué manera facilitan la localización de información en tablas extensas sin necesidad de borrar datos.
   Debes responder a las siguientes cuestiones:

   · ¿Qué ventajas tendrá aplicar un filtro automático frente a eliminar registros que no se quieren visualizar en un momento dado?
   · ¿Qué ejemplos concretos de uso podrás encontrar en la web (por ejemplo, en tutoriales de ventas, asistencia o inventarios)?
   · ¿Qué diferencia existirá entre ocultar registros con un filtro y modificar la base de datos original?

## 3. Filtros personalizados y por condiciones

 ### HILO CONDUCTOR

Elsa y Rocío, en otra ocasión, necesitan localizar únicamente las ventas superiores a 5.000 €. Elsa intenta buscar manualmente fila por fila, pero pierde mucho tiempo. Rocío, por su parte, le enseña los filtros personalizados, con los que podrán establecer condiciones específicas como "mayor que" o "igual a" para analizar la información más relevante.

Los **filtros personalizados** permiten ir más allá de la simple selección de valores. Con ellos se pueden establecer condiciones específicas, muy útiles para datos numéricos, textuales o de fechas.

En Excel 365, al abrir el filtro de una columna aparecen **opciones** como:

> **Filtros de número**
> - Mayor que, menor que, igual a, entre, etc.

*Continúa en página siguiente >>*

*<< Viene de página anterior*

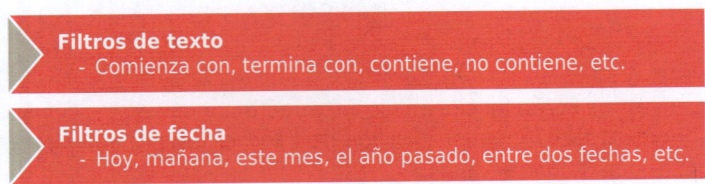

**Filtros de texto**
- Comienza con, termina con, contiene, no contiene, etc.

**Filtros de fecha**
- Hoy, mañana, este mes, el año pasado, entre dos fechas, etc.

Para aplicar filtros personalizados en Excel 365 hay que realizar las siguientes **acciones:**

⮕ **Abrir el menú del filtro en la columna deseada:**

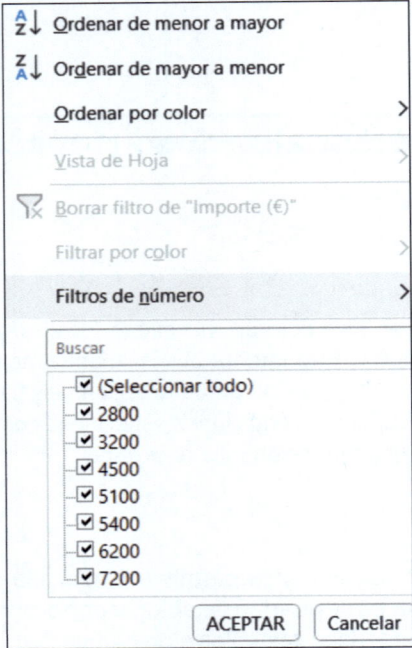

- ☝ Por ejemplo, en la columna "Importe (€)".
- ☝ Haz clic en la flecha y elige **Filtros de número.**

➲ **Seleccionar la condición personalizada:**
Excel te mostrará varias opciones:

- ◑ Mayor que...
- ◑ Menor que...
- ◑ Igual a...
- ◑ Entre...
- ◑ Diez mejores...
- ◑ Superior del promedio...
- ◑ Inferior al promedio...
- ◑ Filtro personalizado...

➲ **Configurar el criterio:**

- ◑ Aparecerá una ventana donde podrás escribir el valor.
- ◑ En este caso, seleccionamos mayor de 5.000:

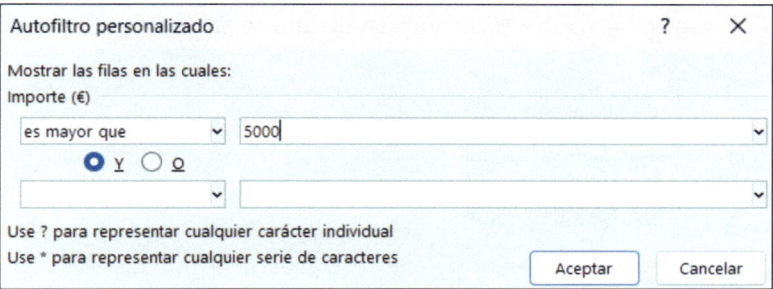

- ◑ Haz clic en **Aceptar.**

➲ **Ver el resultado:**

- ◑ Excel ocultará automáticamente todas las filas que no cumplan la condición.
- ◑ Solo verás las ventas con importe mayor a 5.000 €:

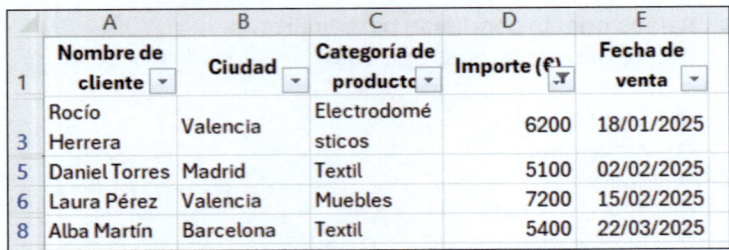

| | A | B | C | D | E |
|---|---|---|---|---|---|
| 1 | Nombre de cliente | Ciudad | Categoría de producto | Importe (€) | Fecha de venta |
| 3 | Rocío Herrera | Valencia | Electrodomésticos | 6200 | 18/01/2025 |
| 5 | Daniel Torres | Madrid | Textil | 5100 | 02/02/2025 |
| 6 | Laura Pérez | Valencia | Muebles | 7200 | 15/02/2025 |
| 8 | Alba Martín | Barcelona | Textil | 5400 | 22/03/2025 |

La opción de **Filtro personalizado** es más flexible porque deja combinar **dos condiciones al mismo tiempo** dentro de la misma columna.

 **EJEMPLO**

Al elegir la opción **Filtro personalizado** se abrirá una ventana como esta:

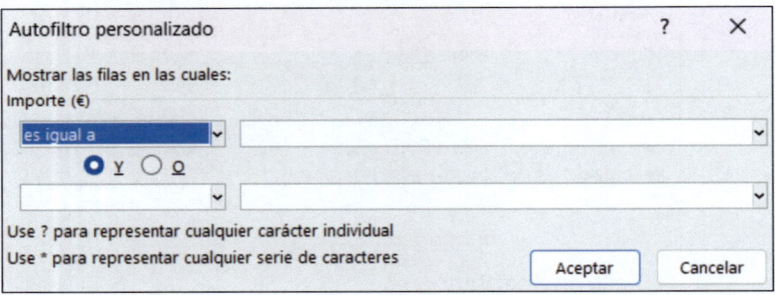

- En la primera línea eliges la condición (por ejemplo: "es menor que") y escribes el valor:

*Continúa en página siguiente >>*

[ 56 ]

*<< Viene de página anterior*

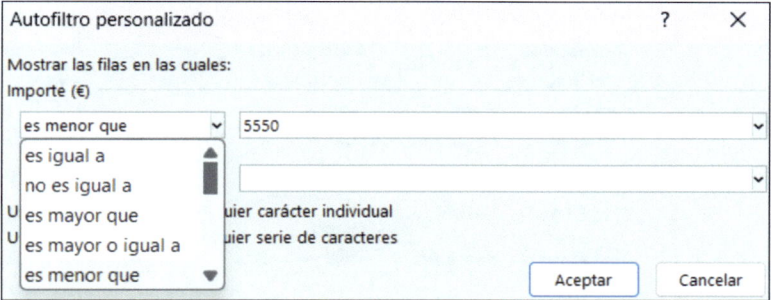

- En la segunda línea puedes añadir otra condición (por ejemplo: "es mayor que") y combinarla con Y u O:

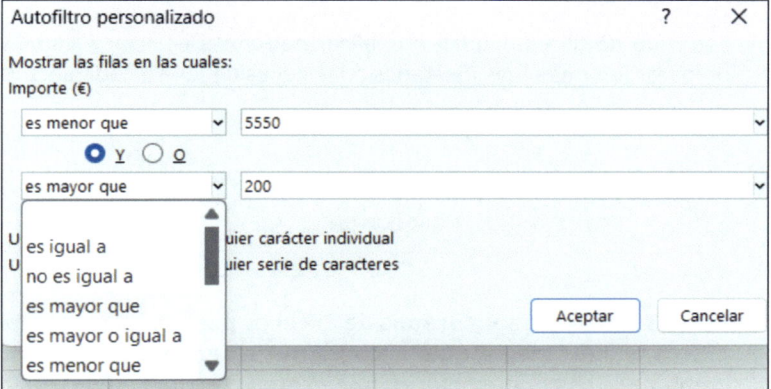

- Al hacer clic en **Aceptar,** solo permanecen los resultados que cumplen las condiciones:

*Continúa en página siguiente >>*

<< *Viene de página anterior*

| | A | B | C | D | E |
|---|---|---|---|---|---|
| 1 | **Nombre de cliente** ▼ | **Ciudad** ▼ | **Categoría de producto** ▼ | **Importe (€)** ▼ | **Fecha de venta** ▼ |
| 2 | Elsa Duce | Madrid | Textil | 3200 | 12/01/2025 |
| 4 | Irati Gómez | Barcelona | Muebles | 4500 | 25/01/2025 |
| 5 | Daniel Torres | Madrid | Textil | 5100 | 02/02/2025 |
| 7 | Sergio López | Madrid | Electrodomésticos | 2800 | 05/03/2025 |
| 8 | Alba Martín | Barcelona | Textil | 5400 | 22/03/2025 |
| 9 | | | | | |

## IMPORTANTE

Este tipo de filtros ayudan a analizar patrones, localizar valores extremos o preparar informes más ajustados a las necesidades de cada persona usuaria.

## APLICACIÓN PRÁCTICA

**Con los filtros personalizados de Excel es posible aplicar criterios específicos, como "mayor que", "contiene" o "entre dos fechas", e incluso combinar dos condiciones en una misma columna. ¿Cuál de las siguientes opciones refleja un uso correcto de los filtros personalizados?**

- **Usar únicamente la opción de ordenar de menor a mayor, ya que Excel no permite aplicar condiciones personalizadas en columnas numéricas o textuales.**
- **Abrir el menú de filtro de una columna, elegir Filtros de número, configurar la condición "mayor que 5000" y aceptar, de modo que Excel muestre solo los valores que cumplen ese criterio.**
- **Seleccionar la columna, aplicar un filtro básico y confiar en que Excel detectará automáticamente los valores extremos sin necesidad de configurar condiciones.**

*Continúa en página siguiente >>*

*<< Viene de página anterior*

- **Abrir el filtro de una columna y elegir siempre Filtro personalizado, aunque no se necesite combinar condiciones, para que Excel muestre todos los registros sin cambios.**

**Solución**

La opción correcta es la que describe el procedimiento real: abrir el menú de filtro, elegir el tipo adecuado (número, texto o fecha), configurar la condición y aplicarlo. Las demás alternativas no son válidas porque confunden el uso del filtro con la simple ordenación, suponen que Excel trabaja de manera automática sin reglas o bien interpretan de forma incorrecta el uso de la opción de **Filtro personalizado.**

---

## 4. Filtros avanzados con criterios múltiples

### ☞ HILO CONDUCTOR

A medida que la base crece, las compañeras se enfrentan a búsquedas más complejas: por ejemplo, encontrar solo los productos "Textil" vendidos en "Valencia". Con un filtro normal no basta, así que Rocío le explica a Elsa cómo usar filtros avanzados con varios criterios a la vez.

---

Los **filtros avanzados** permiten aplicar **más de una condición al mismo tiempo.** A diferencia del filtro automático, requieren definir un rango de criterios dentro de la hoja.

Los **pasos** en Excel 365 son los siguientes:

- ➲ **Paso 1.** En un área libre de la hoja, copiar los nombres de las columnas que se quieren usar como condiciones.
- ➲ **Paso 2.** Escribir debajo los criterios que aplicar (por ejemplo: "Ciudad = Madrid" y "Categoría = Textil"):

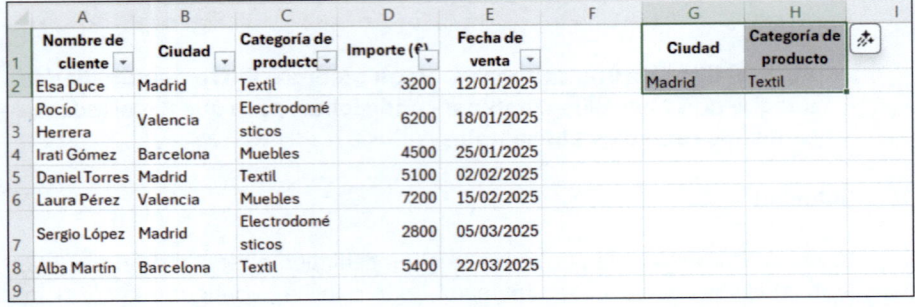

**➲ Paso 3.** Seleccionar la tabla principal:

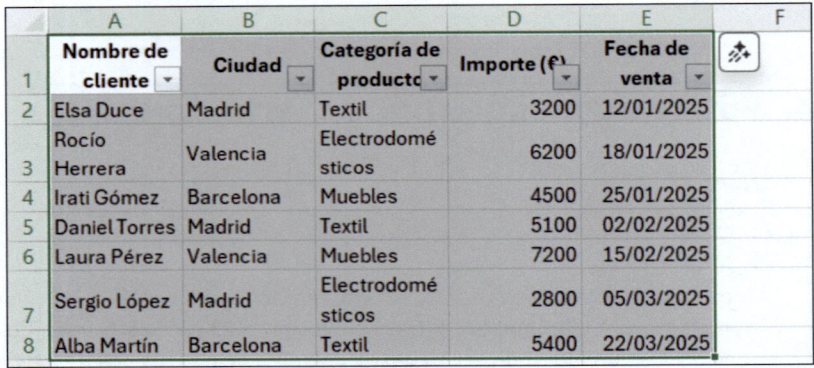

**➲ Paso 4.** Ir a **Datos → Avanzadas** dentro del grupo **Ordenar y filtrar:**

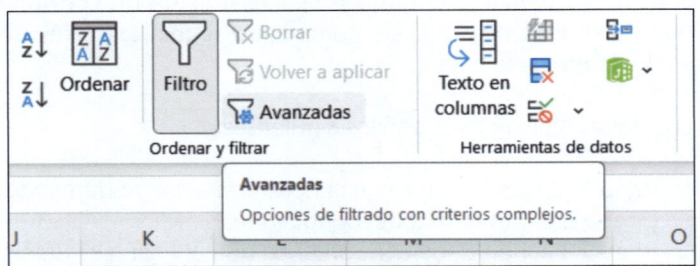

○ **Paso 5.** En la ventana, indicar:

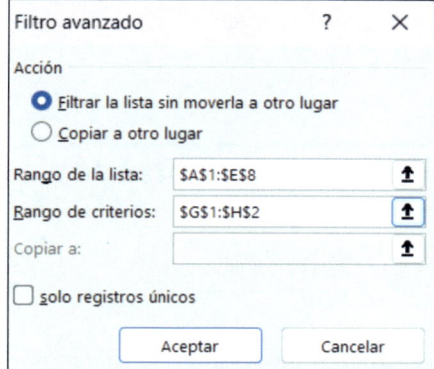

○ Rango de lista: la tabla original (en este caso A1:E8).
○ Rango de criterios: el área donde se escribieron las condiciones (en este caso G1:H2).

Opcional: Copiar a otro lugar para extraer los resultados.

El resultado mostrará únicamente las filas que cumplen todas las condiciones al mismo tiempo. En este caso, son los registros donde la "Ciudad" sea "Madrid" y la "Categoría de producto" sea "Textil":

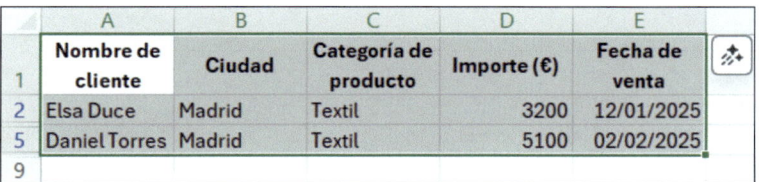

| | A | B | C | D | E | |
|---|---|---|---|---|---|---|
| 1 | Nombre de cliente | Ciudad | Categoría de producto | Importe (€) | Fecha de venta | |
| 2 | Elsa Duce | Madrid | Textil | 3200 | 12/01/2025 | |
| 5 | Daniel Torres | Madrid | Textil | 5100 | 02/02/2025 | |
| 9 | | | | | | |

## NOTA

Cuando usas **Filtro avanzado** en Excel 365, aparece la opción **Solo registros únicos.** Esta sirve para eliminar los duplicados en los resultados.

*Continúa en página siguiente >>*

*<< Viene de página anterior*

Si tu tabla tiene filas repetidas (mismos datos en todas las columnas selecciona-das), Excel mostrará solo una vez cada combinación única. Si no hay duplicados, el resultado será igual al normal.

---

# 5. Extracción de datos filtrados

## 👉 HILO CONDUCTOR

Una vez aplicados los filtros, Elsa se da cuenta de que quiere trabajar con los resultados en otra parte de la hoja, sin modificar la base original. Rocío le en-seña a extraer los datos filtrados a un nuevo rango, lo que les permite preparar informes limpios sin arriesgar la información principal.

---

Excel no solo permite visualizar datos filtrados, también ofrece la posibili-dad de **copiarlos y pegarlos en otro lugar** para generar informes o tablas auxiliares.

Existen dos formas de hacerlo en Excel 365:

⮕ **Copiar y pegar directamente:**

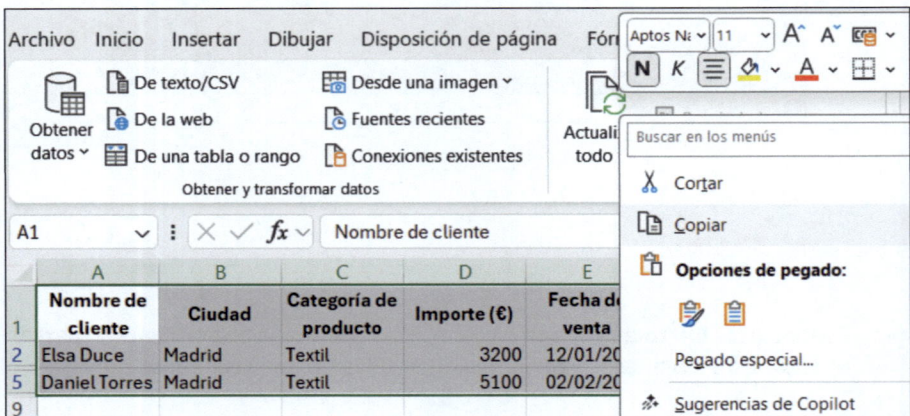

☉ Aplicar el filtro.
☉ Seleccionar los registros visibles.
☉ Copiarlos y pegarlos en otra parte de la hoja o en una nueva hoja.

➲ **Usar la opción Copiar a otro lugar dentro del filtro avanzado**

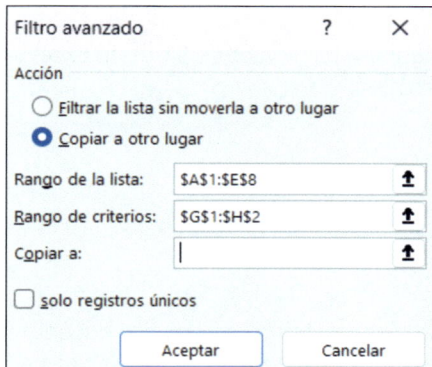

☉ Permite que Excel copie automáticamente los resultados filtrados en la celda que indiquemos.
☉ De este modo, la tabla original se mantiene intacta y la información filtrada queda lista para trabajar.

**NOTA**

Este procedimiento es ideal cuando se necesita generar reportes o análisis específicos sin alterar la base de datos principal.

- - - - - - - - - - - - - - - - - - - - - - - - - - - - - - - - - - - - - -

**TAREA 2**

La empresa Logística Baztán S. A. gestiona una base de datos con todas sus ventas mensuales. El departamento de análisis quiere localizar patrones y filtrar información de manera eficiente.

*Continúa en página siguiente >>*

*<< Viene de página anterior*

Primero, desean mostrar únicamente las ventas con un importe superior a 5.000 € para detectar operaciones de gran valor.

Después, necesitan aplicar un filtro más complejo: localizar solo los productos de categoría "Electrónica" vendidos en la ciudad de Sevilla.

Ayuda a configurar ambos tipos de filtros en Excel para prestar ayuda al departamento de análisis.

---

# 6. Resumen

La capacidad de filtrar información en Excel permite localizar datos específicos de forma rápida sin alterar la base original. Los filtros ayudan a centrarse en la información relevante y a generar informes claros y útiles.

Los tipos de filtros en Excel 365 son los siguientes:

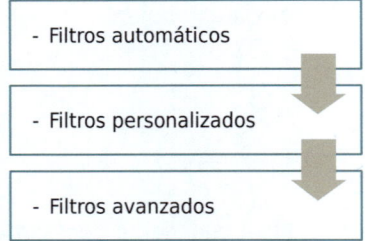

- Filtros automáticos
- Filtros personalizados
- Filtros avanzados

Los filtros automáticos facilitan mostrar solo los valores deseados en cada columna, ocultando de manera temporal el resto de la información. Para quienes necesitan un mayor nivel de precisión, los filtros personalizados permiten establecer condiciones específicas, como "mayor que", "menor que", "entre" o incluso criterios basados en texto y fechas, lo que resulta especialmente útil al analizar grandes volúmenes de datos.

Cuando la búsqueda requiere mayor complejidad, los filtros avanzados ofrecen la posibilidad de combinar varios criterios a la vez mediante un rango auxiliar en la hoja de cálculo. Además, incluyen la opción de mostrar solamente registros únicos, eliminando duplicados y simplificando la lectura de los resultados.

Por último, Excel también permite extraer los datos filtrados y copiarlos a otra parte de la hoja o a un libro distinto. Esto hace posible preparar informes limpios sin alterar la base original, asegurando que la información se mantenga íntegra mientras se trabaja con los resultados filtrados.

# Ejercicios de autoevaluación
# Unidad de Aprendizaje 2

**1. ¿Qué permite hacer un filtro automático en Excel 365?**

    a. Eliminar permanentemente los registros que no cumplen una condición.

    b. Mostrar temporalmente solo los registros que cumplen ciertos criterios.

    c. Reordenar los datos de mayor a menor.

    d. Cambiar el formato de las celdas automáticamente.

**2. ¿Qué opción del menú de filtros permite seleccionar únicamente registros de texto que comiencen con una letra específica?**

    a. Filtros de número

    b. Filtros de fecha

    c. Filtros de texto

    d. Filtros avanzados

**3. Indica si las siguientes oraciones son verdaderas o falsas:**

    a. Al aplicar un filtro automático, los datos que no cumplen la condición se eliminan definitivamente de la tabla.

        ■ Verdadero
        ■ Falso

    b. Los filtros personalizados permiten aplicar dos condiciones en una misma columna usando los operadores Y u O.

        ■ Verdadero
        ■ Falso

    c. El filtro avanzado de Excel requiere definir un rango de criterios dentro de la hoja.

        ■ Verdadero
        ■ Falso

**4. ¿Qué diferencia existe entre un filtro automático y un filtro avanzado?**

    a. El filtro automático se aplica desde los menús de cada columna, mientras que el avanzado necesita un rango de criterios definido.

    b. El filtro automático borra los registros; el avanzado solo los oculta.

    c. El filtro avanzado solo sirve para ordenar los datos; el automático para filtrarlos.

    d. No hay diferencia; ambos funcionan exactamente igual.

**5. ¿Qué opción de filtro usarías para mostrar únicamente las ventas realizadas entre el 1 y el 15 de marzo de 2025?**

    a. Filtros de número

    b. Filtros de texto

    c. Filtros de fecha

    d. Filtro avanzado sin criterios

**6. Relaciona las dos columnas uniendo cada concepto de la columna A con la descripción correcta en la columna B.**

**Columna A**

    a. Filtros de número

    b. Filtros personalizados

    c. Filtros avanzados

    d. Copiar a otro lugar

**Columna B**

    __ Permite combinar varios criterios en un rango auxiliar dentro de la hoja.

    __ Permite extraer resultados filtrados a una ubicación distinta de la tabla original.

    __ Permite condiciones como "mayor que" o "menor que".

    __ Permite aplicar condiciones combinadas en una misma columna con Y u O.

7. **En el cuadro de diálogo de filtros personalizados, ¿qué opción se debe usar para combinar dos condiciones en una misma columna?**

    a. Copiar a otro lugar
    b. Operadores Y u O
    c. Filtro avanzado
    d. Filtros de texto

8. **¿Qué utilidad tiene la opción "Solo registros únicos" en el filtro avanzado?**

    a. Mostrar únicamente valores que cumplen más de dos condiciones.
    b. Eliminar duplicados en los resultados filtrados.
    c. Cambiar automáticamente el formato de los registros filtrados.
    d. Mostrar solo las filas que contienen números.

9. **¿Qué sucede cuando se desactiva un filtro aplicado en una tabla de Excel?**

    a. Se restablece la vista completa de todos los registros originales.
    b. Los datos filtrados se eliminan de manera definitiva.
    c. Excel guarda una copia de los registros filtrados en otra hoja.
    d. Los registros visibles cambian automáticamente de formato.

10. **¿Cuál es la principal ventaja de extraer los resultados filtrados a otra ubicación en la hoja de cálculo?**

    a. Permite trabajar con un conjunto limpio de información sin alterar la base de datos principal.
    b. Permite modificar los datos originales sin riesgo.
    c. Evita que se apliquen nuevos filtros en la tabla original.
    d. Convierte automáticamente los resultados en un gráfico dinámico.

# Funciones, vínculos y trabajo con bases de datos

# Contenido

1. Introducción
2. Funciones de búsqueda: BUSCARV, BUSCARH, INDICE, COINCIDIR
3. Trabajo con varias hojas y funciones tridimensionales
4. Vinculación de datos externos y conexión con bases de datos
5. Gestión de bases de datos vinculadas a Excel
6. Resumen

# Objetivos

El objetivo general de esta Unidad de Aprendizaje es:

→ Saber utilizar las funciones de búsqueda, establecer vínculos entre hojas y conectar Excel con bases de datos externas para trabajar con información de manera integrada y eficiente.

Los objetivos específicos de esta Unidad de Aprendizaje son:

→ Utilizar funciones de búsqueda como BUSCARV, BUSCARH, INDICE y COINCIDIR para localizar información en grandes tablas.

→ Manejar varias hojas de cálculo con funciones tridimensionales que consolidan datos.

→ Vincular datos externos y establecer conexiones seguras con bases de datos.

→ Gestionar de manera práctica bases de datos integradas en Excel.

# 1. Introducción

El verdadero potencial de Excel no se limita a operaciones básicas, sino que se amplía al trabajar con grandes cantidades de datos interconectados. Las funciones de búsqueda permiten encontrar información en segundos dentro de tablas extensas, mientras que los vínculos facilitan integrar hojas y libros completos.

Además, Excel puede conectarse con bases de datos externas, lo que abre la puerta a gestionar información en tiempo real y en entornos profesionales más complejos. En esta unidad se explorará cómo aprovechar estas herramientas para convertir Excel en una potente plataforma de consulta y análisis.

Tras dominar los filtros, Elsa y Rocío descubren que aún pierden mucho tiempo buscando datos en tablas muy extensas. Elsa propone probar funciones de búsqueda como **BUSCARV,** mientras Rocío le enseña a vincular hojas y conectar Excel con bases de datos externas. Así, poco a poco, convierten su archivo en una herramienta más ágil y potente para su empresa artesanal.

# 2. Funciones de búsqueda: BUSCARV, BUSCARH, INDICE, COINCIDIR

 **HILO CONDUCTOR**

Un cliente llama a Elsa para pedir la fecha de su última compra. Revisar la tabla completa le llevaría demasiado tiempo, así que Rocío le muestra cómo usar **BUSCARV** e **INDICE** para encontrar el dato en segundos.

Las **funciones de búsqueda** permiten localizar información dentro de una tabla sin necesidad de revisar fila por fila. Son imprescindibles cuando se trabaja con grandes volúmenes de datos.

En Excel 365, las **funciones de búsqueda** más utilizadas son:

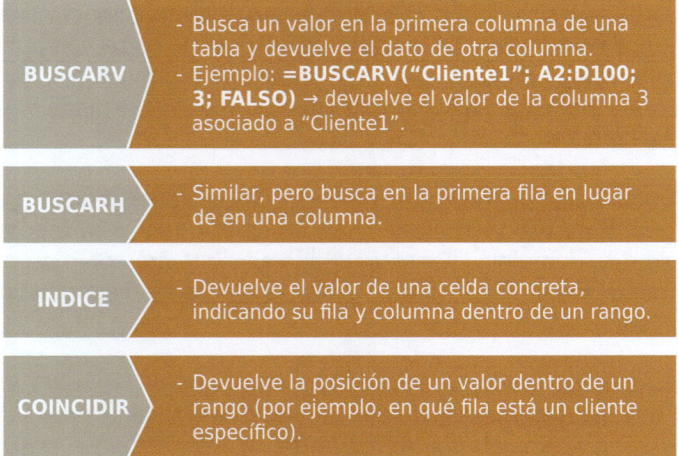

| BUSCARV | - Busca un valor en la primera columna de una tabla y devuelve el dato de otra columna.<br>- Ejemplo: **=BUSCARV("Cliente1"; A2:D100; 3; FALSO)** → devuelve el valor de la columna 3 asociado a "Cliente1". |
| --- | --- |
| BUSCARH | - Similar, pero busca en la primera fila en lugar de en una columna. |
| INDICE | - Devuelve el valor de una celda concreta, indicando su fila y columna dentro de un rango. |
| COINCIDIR | - Devuelve la posición de un valor dentro de un rango (por ejemplo, en qué fila está un cliente específico). |

## NOTA

Combinando **INDICE + COINCIDIR** se consigue una alternativa más flexible a **BUSCARV,** especialmente cuando los datos no están en la primera columna.

- - - - - - - - - - - - - - - - - - - - - - - - - - - - - - - - - - - - - -

El **proceso** para añadir una función en Excel es el siguiente:

1. **Seleccionar la celda.** Haz clic en la celda donde quieres que aparezca el resultado de la función (por ejemplo, B10):

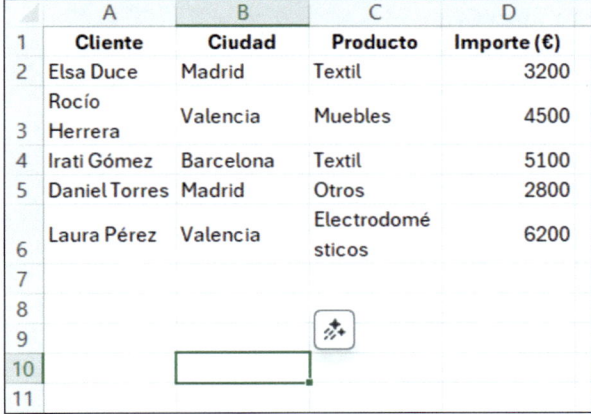

2. **Acceder al asistente de funciones.** Tienes dos formas:

☝ Desde la barra de fórmulas: escribe el signo "=" y comienza a teclear el nombre de la función (ej. =**SUMA**). Excel te mostrará sugerencias:

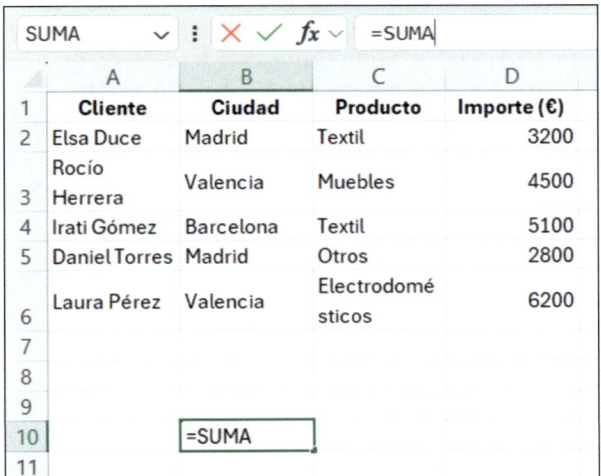

☝ Con el botón **Insertar función:** en la barra de fórmulas, justo a la izquierda del cuadro de fórmulas, hay un icono **fx.** Al hacer clic, se abre la ventana **Insertar función:**

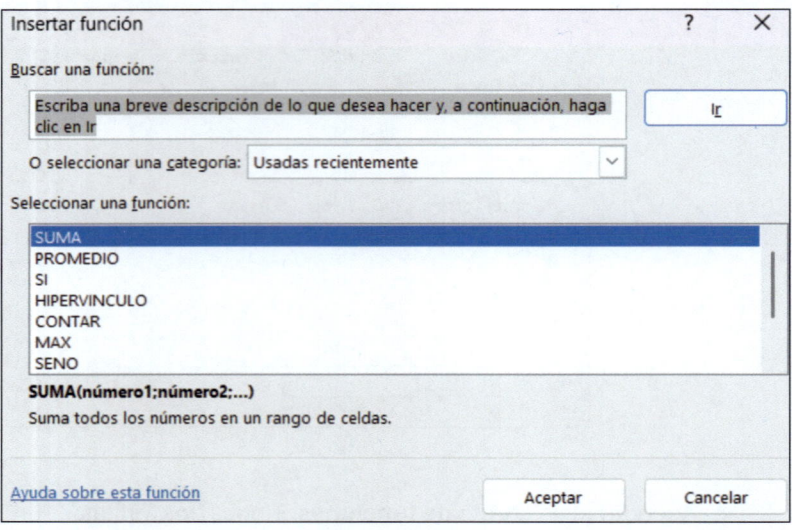

3. **Buscar y seleccionar la función.** En la ventana **Insertar función:**

   ♦ Puedes escribir una breve descripción (ejemplo: "sumar números")
   y pulsar **Ir.**
   ♦ desplegar el menú **Categoría** para elegir entre **Matemáticas, Texto,
   Búsqueda y referencia, Fecha y hora,** etc.
   ♦ Una vez localizada, selecciona la función (ej. **SUMA**) y pulsa **Aceptar.**

4. **Introducir los argumentos.** Excel abrirá otra ventana llamada **Argumentos de función.**

   ♦ Aquí tendrás que completar los valores o rangos que la función
   necesita:

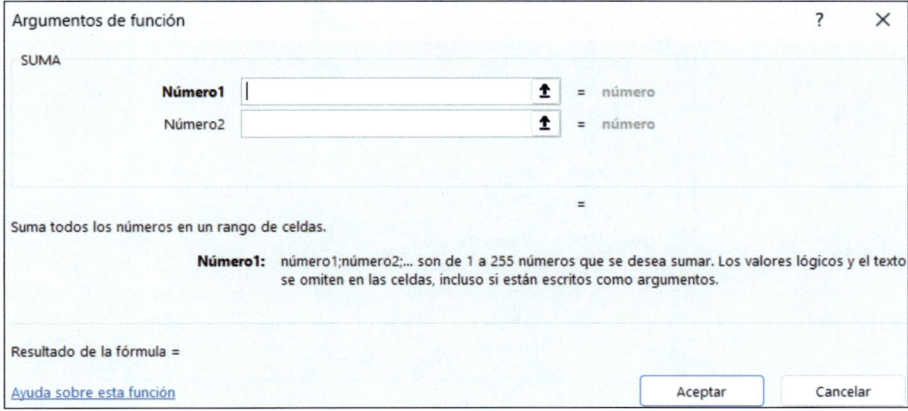

◑ Por ejemplo, para **SUMA,** se te pedirá **número1, número2...** (puedes escribirlos o seleccionarlos directamente en la hoja):

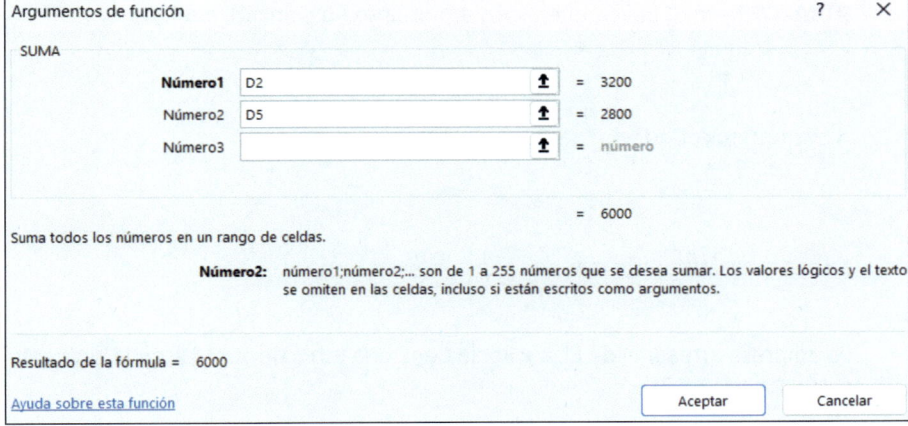

◑ Para funciones como **BUSCARV,** verás campos como **valor_buscado, tabla, indicador de columna, coincidencia exacta o aproximada.**

5. **Confirmar y obtener el resultado.** Cuando rellenes los argumentos, haz clic en **Aceptar.** Excel insertará la función en la celda seleccionada y mostrará el resultado:

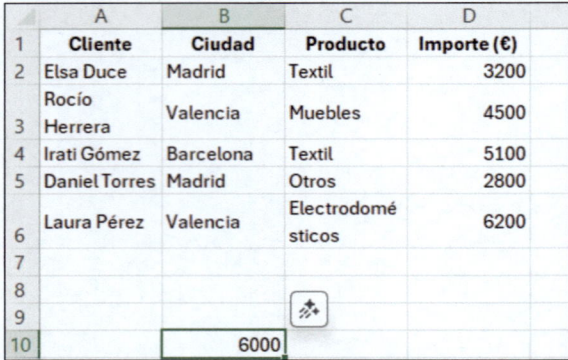

| | A | B | C | D |
|---|---|---|---|---|
| 1 | **Cliente** | **Ciudad** | **Producto** | **Importe (€)** |
| 2 | Elsa Duce | Madrid | Textil | 3200 |
| 3 | Rocío Herrera | Valencia | Muebles | 4500 |
| 4 | Irati Gómez | Barcelona | Textil | 5100 |
| 5 | Daniel Torres | Madrid | Otros | 2800 |
| 6 | Laura Pérez | Valencia | Electrodomésticos | 6200 |
| 7 | | | | |
| 8 | | | | |
| 9 | | | | |
| 10 | | 6000 | | |

## IMPORTANTE

Si algo no está bien, Excel mostrará un mensaje de error —por ejemplo **#N/A, #¡VALOR!**— que indica que algún argumento no coincide o falta.

- - - - - - - - - - - - - - - - - - - - - - - - - - - - - - - - - - - - - - - -

A continuación, se verá un ejemplo.

## EJEMPLO

La empresa artesanal de Elsa y Rocío tiene una tabla de ventas con la siguiente estructura (A1:D6):

| | A | B | C | D |
|---|---|---|---|---|
| 1 | **Cliente** | **Ciudad** | **Producto** | **Importe (€)** |
| 2 | Elsa Duce | Madrid | Textil | 3200 |
| 3 | Rocío Herrera | Valencia | Muebles | 4500 |
| 4 | Irati Gómez | Barcelona | Textil | 5100 |
| 5 | Daniel Torres | Madrid | Otros | 2800 |
| 6 | Laura Pérez | Valencia | Electrodomésticos | 6200 |

*Continúa en página siguiente >>*

*<< Viene de página anterior*

Elsa quiere saber el importe de la venta de Rocío Herrera.

Fórmula:

**=BUSCARV("Rocío Herrera"; A2:D6; 4; FALSO)**

- Busca "Rocío Herrera" en la primera columna (A).
- Devuelve el valor de la columna 4 ("Importe").
- Resultado → 4500.

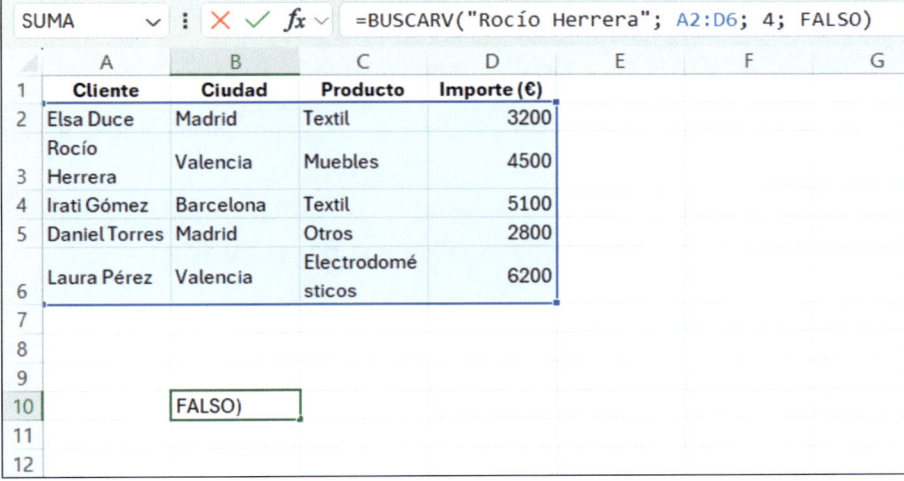

(En la captura aparece en la barra desplegable la palabra **SUMA,** aunque realmente estamos usando la función **BUSCARV.** Esto ocurre porque en Excel 365 el cuadro de la izquierda de la barra de fórmulas muestra la última función que seleccionaste desde la lista de funciones).

*Continúa en página siguiente >>*

*<< Viene de página anterior*

| | A | B | C | D |
|---|---|---|---|---|
| 1 | **Cliente** | **Ciudad** | **Producto** | **Importe (€)** |
| 2 | Elsa Duce | Madrid | Textil | 3200 |
| 3 | Rocío Herrera | Valencia | Muebles | 4500 |
| 4 | Irati Gómez | Barcelona | Textil | 5100 |
| 5 | Daniel Torres | Madrid | Otros | 2800 |
| 6 | Laura Pérez | Valencia | Electrodomésticos | 6200 |
| 7 | | | | |
| 8 | | | | |
| 9 | | | | |
| 10 | | 4500 | | |

2. **BUSCARH**

Rocío quiere saber qué título aparece en la tercera columna de la fila de encabezados.

Fórmula:

**=BUSCARH("Producto"; A1:D1; 1; FALSO)**

- Busca la palabra "Producto" en la fila de encabezados (fila 1).
- Devuelve el valor encontrado.

  Resultado → Producto (confirmación de que la cabecera existe).

| | A | B | C | D | E |
|---|---|---|---|---|---|
| 1 | **Cliente** | **Ciudad** | **Producto** | **Importe (€)** | |
| 2 | Elsa Duce | Madrid | Textil | 3200 | |
| 3 | Rocío Herrera | Valencia | Muebles | 4500 | |
| 4 | Irati Gómez | Barcelona | Textil | 5100 | |
| 5 | Daniel Torres | Madrid | Otros | 2800 | |
| 6 | Laura Pérez | Valencia | Electrodomésticos | 6200 | |
| 7 | | | | | |
| 8 | | | | | |
| 9 | | | | | |
| 10 | | FALSO) | | | |

*Continúa en página siguiente >>*

*<< Viene de página anterior*

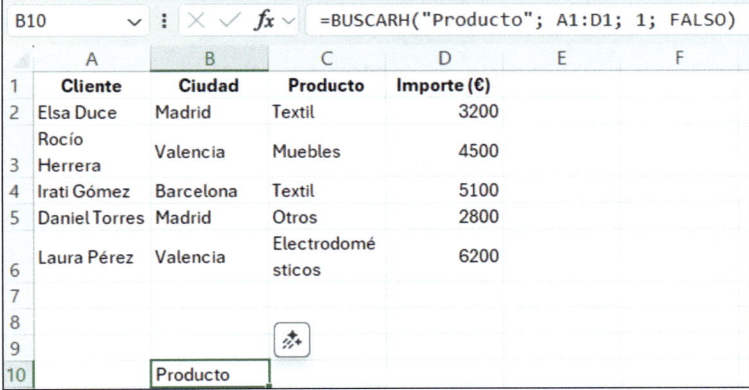

(Este ejemplo es más útil cuando la información está dispuesta en filas, no en columnas).

Elsa necesita el producto vendido en la fila 3 ("Irati Gómez").

Fórmula:

### =INDICE(C2:C6; 3)

- Busca en el rango de productos (C2:C6).
- Devuelve el valor de la fila 3 de ese rango.
- Resultado → Textil.

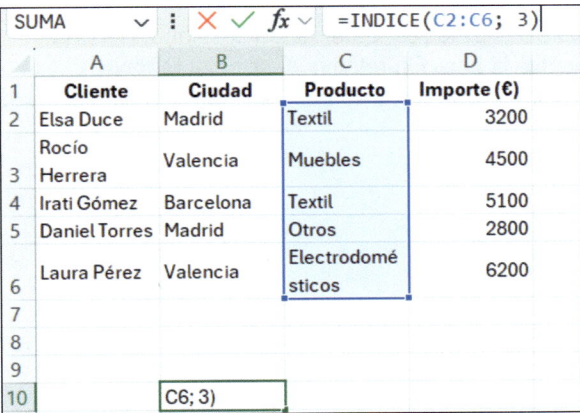

*Continúa en página siguiente >>*

*<< Viene de página anterior*

En la imagen aparece la siguiente fórmula:

**=INDICE(C2:C6; 3)**

Que devuelve el valor correspondiente a la tercera fila del rango.

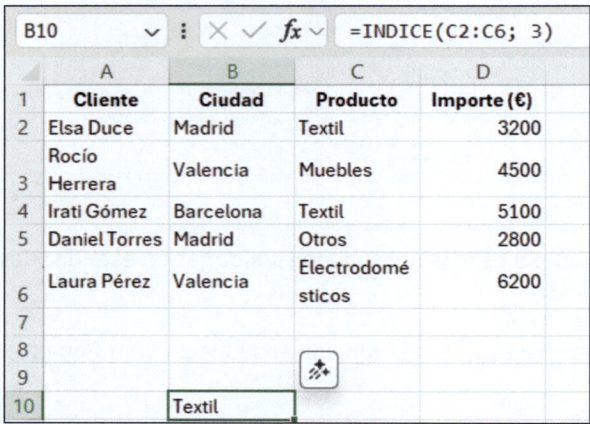

Rocío quiere saber en qué fila de la tabla está "Daniel Torres".

Fórmula:

**=COINCIDIR("Daniel Torres"; A2:A6; 0)**

- Busca "Daniel Torres" en el rango de clientes (A2:A6).
- Devuelve la posición relativa dentro del rango.
- Resultado → 4 (porque aparece en la cuarta fila del rango).

*Continúa en página siguiente >>*

*<< Viene de página anterior*

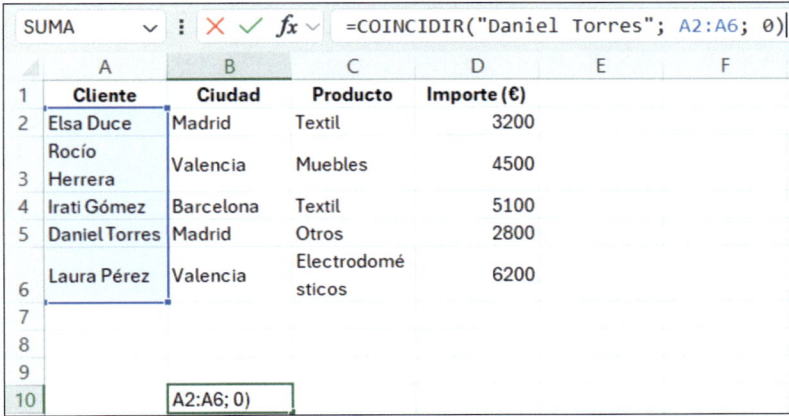

Si se combinan **INDICE + COINCIDIR,** se obtiene una alternativa muy flexible a **BUSCARV.**

El objetivo es buscar el producto de "Laura Pérez".

Fórmula:

**=INDICE(C2:C6; COINCIDIR("Laura Pérez"; A2:A6; 0))**

- COINCIDIR localiza en qué fila está "Laura Pérez" (posición 5).
- INDICE devuelve el valor de esa misma fila en la columna de productos (C).
- Resultado → Electrodomésticos.

*Continúa en página siguiente >>*

*<< Viene de página anterior*

| SUMA | ⌄ ⋮ ✕ ✓ *fx* ⌄ | =INDICE(C2:C6; COINCIDIR("Laura Pérez"; A2:A6; 0)) |

| | A | B | C | D | E | F | G |
|---|---|---|---|---|---|---|---|
| 1 | **Cliente** | **Ciudad** | **Producto** | **Importe (€)** | | | |
| 2 | Elsa Duce | Madrid | Textil | 3200 | | | |
| 3 | Rocío Herrera | Valencia | Muebles | 4500 | | | |
| 4 | Irati Gómez | Barcelona | Textil | 5100 | | | |
| 5 | Daniel Torres | Madrid | Otros | 2800 | | | |
| 6 | Laura Pérez | Valencia | Electrodomésticos | 6200 | | | |
| 7 | | | | | | | |
| 8 | | | | | | | |
| 9 | | | | | | | |
| 10 | | A2:A6; 0)) | | | | | |
| 11 | | | | | | | |

En la imagen aparece una hoja de cálculo en la que se aplica la siguiente fórmula:

**=INDICE(C2:C6; COINCIDIR("Laura Pérez"; A2:A6; 0))**

| B10 | ⌄ ⋮ ✕ ✓ *fx* ⌄ | =INDICE(C2:C6; COINCIDIR("Laura Pérez"; A2:A6; 0)) |

| | A | B | C | D | E | F | G |
|---|---|---|---|---|---|---|---|
| 1 | **Cliente** | **Ciudad** | **Producto** | **Importe (€)** | | | |
| 2 | Elsa Duce | Madrid | Textil | 3200 | | | |
| 3 | Rocío Herrera | Valencia | Muebles | 4500 | | | |
| 4 | Irati Gómez | Barcelona | Textil | 5100 | | | |
| 5 | Daniel Torres | Madrid | Otros | 2800 | | | |
| 6 | Laura Pérez | Valencia | Electrodomésticos | 6200 | | | |
| 7 | | | | | | | |
| 8 | | | | | | | |
| 9 | | | ⚡ | | | | |
| 10 | | Electrodomésticos | | | | | |
| 11 | | | | | | | |

Además de las funciones principales que ya hemos visto, también existen otras **categorías** que podemos utilizar en Excel:

- **Financiera.** Fórmulas relacionadas con préstamos, amortizaciones, pagos e intereses.
- **Fecha y hora.** Permiten trabajar con días, meses, años y horarios.
- **Matemáticas y trigonométricas.** Incluyen operaciones como **SUMA, POTENCIA, SEN** o **COS.**
- **Estadísticas.** Para promedios, medianas, distribuciones o análisis de datos.
- **Búsqueda y referencia.** Funciones para localizar y vincular información en tablas (como **BUSCARV** o **INDICE**).
- **Base de datos.** Diseñadas para manejar listas y conjuntos de datos estructurados.
- **Texto.** Útiles para combinar, separar o transformar cadenas de caracteres.
- **Lógica.** Permiten establecer condiciones, como **SI, Y, O** o **NO.**
- **Información.** Devuelven detalles sobre celdas, valores o el propio Excel (ejemplo: comprobar si una celda está vacía).
- **Ingeniería.** Funciones especializadas para cálculos técnicos.
- **Cubo.** Relacionadas con análisis avanzado de datos y modelos OLAP.

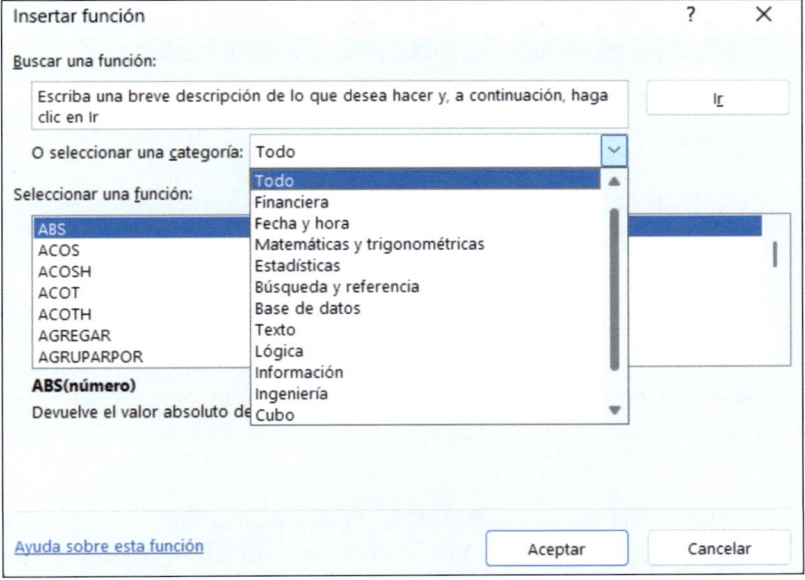

*El cuadro de diálogo **Insertar función** de Excel muestra una lista desplegable con distintas categorías de funciones, como **Financiera, Texto** o **Estadísticas,** que permiten localizar rápidamente la operación que se desea aplicar.*

## ACTIVIDAD COMPLEMENTARIA

3. En esta actividad deberás investigar cómo se utilizarán las funciones de búsqueda en Excel 365 **(BUSCARV, BUSCARH, INDICE** y **COINCIDIR)** para localizar información dentro de una tabla sin necesidad de revisarla fila por fila.
Deberás responder a las siguientes cuestiones:

- ¿Qué ventaja tendrá usar una función de búsqueda frente a revisar manualmente una tabla extensa?
- ¿Qué diferencia principal hay entre utilizar **BUSCARV** o la combinación **INDICE + COINCIDIR?**
- ¿Qué error frecuente **(#N/A, #¡VALOR!)** se puede producir al usar estas funciones y cómo se puede solucionar?

# 3. Trabajo con varias hojas y funciones tridimensionales

## HILO CONDUCTOR

Como su archivo ya contiene diferentes hojas para cada mes, Elsa necesita obtener un resumen anual. Rocío le enseña las funciones tridimensionales, que permiten trabajar con varias hojas al mismo tiempo sin necesidad de copiar datos una y otra vez.

Una **función tridimensional** en Excel 365 es aquella que hace referencia a varias hojas de cálculo dentro de un mismo libro. Esto es muy útil cuando la información está separada en hojas por meses, departamentos o categorías.

La sintaxis es la siguiente:

=FUNCIÓN(HojaInicial:HojaFinal!Rango)

Dentro de esta diferenciamos entre varias **partes:**

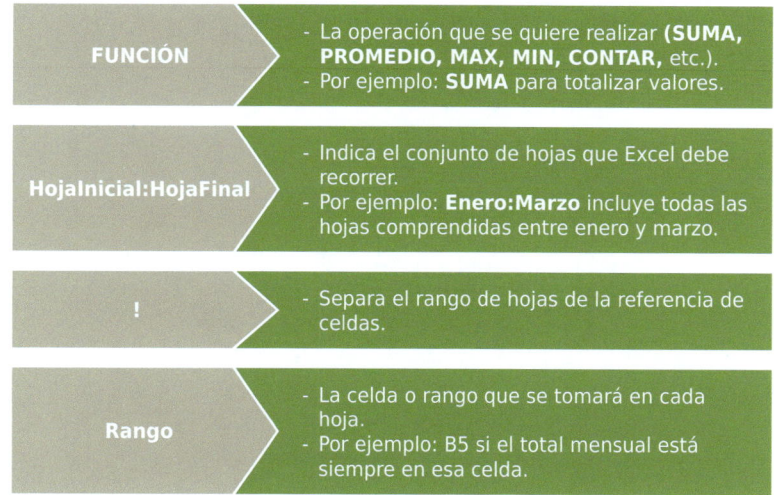

| FUNCIÓN | - La operación que se quiere realizar **(SUMA, PROMEDIO, MAX, MIN, CONTAR,** etc.). <br> - Por ejemplo: **SUMA** para totalizar valores. |
|---|---|
| **HojaInicial:HojaFinal** | - Indica el conjunto de hojas que Excel debe recorrer. <br> - Por ejemplo: **Enero:Marzo** incluye todas las hojas comprendidas entre enero y marzo. |
| **!** | - Separa el rango de hojas de la referencia de celdas. |
| **Rango** | - La celda o rango que se tomará en cada hoja. <br> - Por ejemplo: B5 si el total mensual está siempre en esa celda. |

A continuación, se expondrá un ejemplo.

 **EJEMPLO**

Si cada hoja se llama "Enero", "Febrero" y "Marzo", y la celda B5 contiene el total de ventas del mes, se puede calcular la suma anual con **=SUMA(Enero:Marzo!B5):**

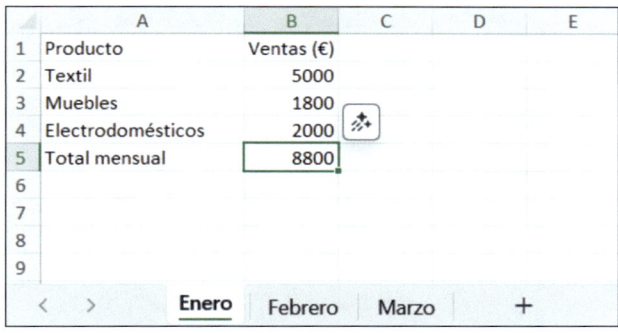

*Continúa en página siguiente >>*

*<< Viene de página anterior*

| | A | B | C | D |
|---|---|---|---|---|
| 1 | Producto | Ventas (€) | | |
| 2 | Textil | 5000 | | |
| 3 | Muebles | 2200 | | |
| 4 | Electrodomésticos | 1300 | | |
| 5 | Total mensual | 8500 | | |
| 6 | | | | |
| 7 | | | | |
| 8 | | | | |
| 9 | | | | |
| 10 | | | | |
| 11 | | | | |
| 12 | | | | |

< >   Enero   **Febrero**   Marzo   +

| | A | B | C | D |
|---|---|---|---|---|
| 1 | Producto | Ventas (€) | | |
| 2 | Textil | 6000 | | |
| 3 | Muebles | 2500 | | |
| 4 | Electrodomésticos | 1500 | | |
| 5 | Total mensual | 10000 | | |
| 6 | | | | |
| 7 | | | | |
| 8 | | | | |
| 9 | | | | |
| 10 | | | | |
| 11 | | | | |
| 12 | | | | |

< >   Enero   Febrero   **Marzo**

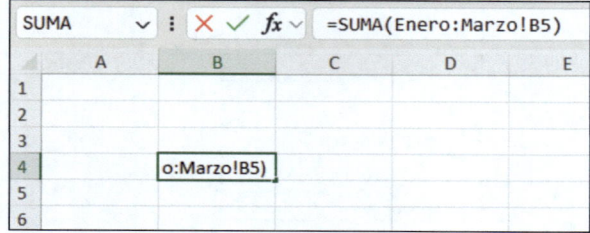

SUMA ⌄ : ✕ ✓ *fx* ⌄  =SUMA(Enero:Marzo!B5)

| | A | B | C | D | E |
|---|---|---|---|---|---|
| 1 | | | | | |
| 2 | | | | | |
| 3 | | | | | |
| 4 | | o:Marzo!B5) | | | |
| 5 | | | | | |
| 6 | | | | | |

*Continúa en página siguiente >>*

*<< Viene de página anterior*

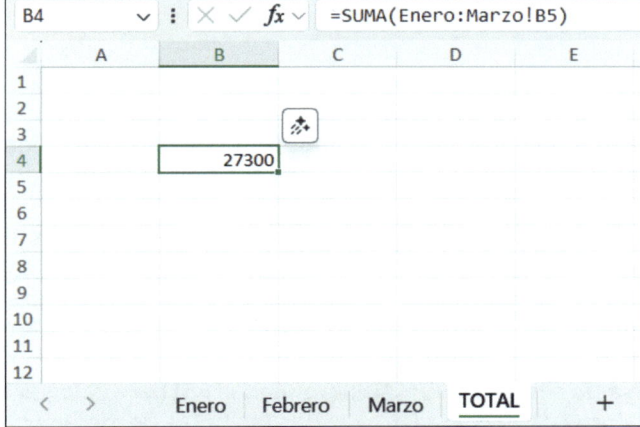

Este tipo de funciones permiten trabajar con estructuras de libros grandes y evitan repetir operaciones manuales en cada hoja.

##  PARA SABER MÁS

Excel incluye una amplia biblioteca de recursos de aprendizaje directamente desde su centro de ayuda. Allí puedes encontrar guías paso a paso, ejemplos prácticos y explicaciones sobre conceptos como referencias 3D, tablas dinámicas o funciones de búsqueda. Estos recursos están pensados para que aprendas a tu ritmo y resuelvas dudas mientras trabajas con tus hojas de cálculo.

Si quieres explorar más contenidos oficiales y ejemplos prácticos, puedes acceder al centro de soporte de Microsoft. Accede desde aquí:

https://redirectoronline.com/ifct184po0301

[ 89 ]

## APLICACIÓN PRÁCTICA

Una función tridimensional en Excel hace referencia a un rango de celdas en varias hojas dentro del mismo libro, con la sintaxis: =FUN CIÓN(HojaInicial:HojaFinal!Rango). ¿Cuál de las siguientes opciones representa un uso correcto de una función tridimensional?

- Escribir =SUMA(B5:Enero:Marzo!) para sumar los totales de las hojas comprendidas entre enero y marzo.
- Copiar manualmente los valores de cada hoja en una nueva hoja y aplicar allí la fórmula =SUMA(B5:B7) sin hacer referencia a otras hojas.
- Usar la sintaxis =SUMA(Enero:Marzo!B5) para calcular la suma de los valores de la celda B5 en todas las hojas desde enero hasta marzo.
- Escribir =PROMEDIO(Enero;Febrero;Marzo;B5) con punto y coma, indicando los nombres de las hojas y la celda a mano.

### Solución

La función correcta para realizar una suma tridimensional en Excel, tomando como ejemplo las hojas comprendidas entre enero y marzo, es **=SUMA(Enero:Marzo!B5).** Esta sintaxis indica a Excel que debe sumar el contenido de la celda **B5** en todas las hojas que se encuentren dentro de ese rango. Las demás fórmulas propuestas no son válidas: una presenta un orden incorrecto, otra obliga a copiar manualmente los datos en una hoja adicional y la última no respeta la forma en que Excel establece las referencias de hoja.

## 4. Vinculación de datos externos y conexión con bases de datos

### 👉 HILO CONDUCTOR

La empresa empieza a registrar las ventas en un programa contable externo. Elsa teme tener que copiar todo a mano, pero Rocío le muestra que Excel puede conectarse directamente a esa base de datos, de manera que la información se actualiza sola en su libro de trabajo.

En Excel 365 es posible **vincular datos externos** para que se actualicen en tiempo real sin necesidad de copiarlos manualmente.

Las **fuentes de datos** más habituales son:

- **Archivos de texto (.csv, .txt).** Son archivos ligeros que almacenan datos en formato plano, es decir, sin estilos ni fórmulas.

    - **.txt →** guarda la información como texto simple, separada por tabuladores, espacios u otros delimitadores.
    - **.csv (valores separados por comas) →** organiza los datos en filas y columnas, separados normalmente por comas o punto y coma.

Excel puede abrirlos directamente y convertirlos en tablas, muy usados para intercambiar datos entre programas.

- **Archivos de Access u otras bases de datos.** Son archivos que pertenecen a un sistema gestor de bases de datos (como Microsoft Access, MySQL o PostgreSQL).

    - Contienen tablas, consultas y relaciones entre datos.
    - Permiten manejar gran cantidad de información estructurada.

Excel puede conectarse a estos archivos para importar datos y analizarlos sin necesidad de copiarlos manualmente.

- **Servidores SQL.** Un servidor SQL (Structured Query Language) es un sistema que gestiona bases de datos a gran escala.

    - Se usa en empresas para almacenar información de forma centralizada y segura.
    - Permite consultas muy potentes con el lenguaje SQL (por ejemplo: "mostrar todas las ventas de marzo mayores a 5000 €").

Excel puede conectarse a un servidor SQL y traer solo los datos necesarios para analizarlos en hojas de cálculo.

- **Conexiones a servicios** online **mediante Power Query.** Power Query es una herramienta integrada en Excel que permite importar, transformar y combinar datos de muchas fuentes distintas.

    ↄ Puede conectarse a servicios en la nube, páginas web, SharePoint, API o incluso otras hojas de cálculo en línea.

    ↄ Antes de cargar los datos en Excel, permite limpiarlos, filtrar columnas, unir tablas o cambiar formatos.

Es la opción más flexible para trabajar con datos dinámicos y actualizables desde internet u orígenes externos.

Los **pasos** básicos para conectar datos externos en Excel 365 son los siguientes:

ↄ **Paso 1 →** Ir a la pestaña **Datos.**

ↄ **Paso 2 →** Seleccionar **Obtener datos:**

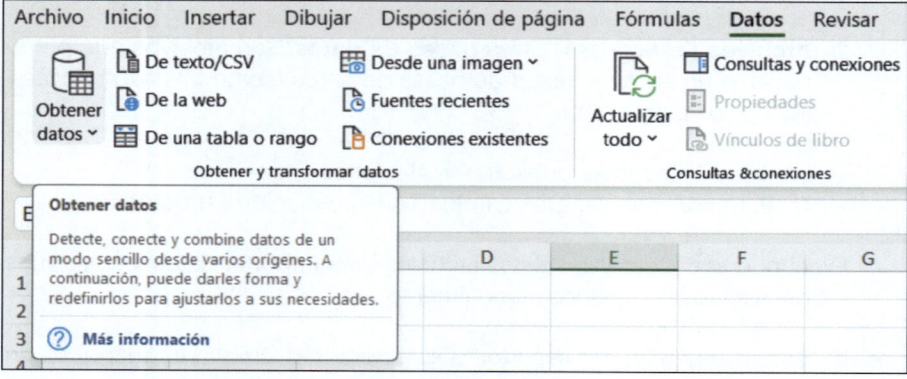

ↄ **Paso 3 →** Elegir el origen (archivo, base de datos, servicio *online...*):

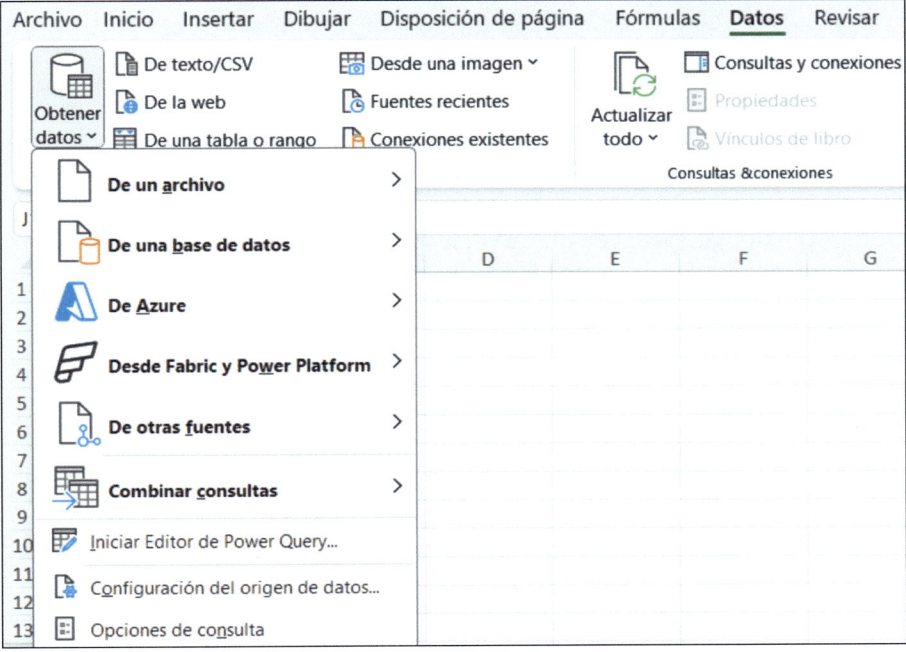

● **Paso 4 →** Configurar la conexión y cargar la información en la hoja.

## NOTA

De este modo, Excel se convierte en un visor y analizador de información en tiempo real, sin necesidad de duplicar bases de datos.

- - - - - - - - - - - - - - - - - - - - - - - - - - - - - - - - - - - - - - - -

# 5. Gestión de bases de datos vinculadas a Excel

## 👉 HILO CONDUCTOR

Cuando los datos externos empiezan a crecer, Elsa nota que la hoja se vuelve más pesada. Rocío le explica cómo gestionar adecuadamente las conexiones y

*Continúa en página siguiente >>*

*<< Viene de página anterior*

las actualizaciones, para que el archivo sea estable y puedan seguir consultando la información sin problemas.

- - - - - - - - - - - - - - - - - - - - - - - - - - - - - - - - - - - - - - - -

La **gestión de bases de datos vinculadas** implica controlar las conexiones para que Excel funcione de forma fluida y segura.

Algunos puntos clave de esta gestión en Excel 365 son los siguientes:

**Actualizar conexiones**
- Se puede hacer manualmente desde la pestaña **Datos → Actualizar** todo o configurarlas para que se actualicen automáticamente al abrir el archivo.

**Editar conexiones**
- En el menú **Consultas y conexiones,** es posible ver, modificar o eliminar orígenes de datos.

**Optimizar el rendimiento**
- Al trabajar con grandes volúmenes, conviene cargar solo las columnas necesarias y aplicar filtros desde Power Query antes de traer los datos a Excel.

**Seguridad**
- Es importante comprobar que las conexiones provienen de fuentes confiables, especialmente si se trata de bases de datos externas.

De esta manera, Excel se convierte en una herramienta robusta para gestionar información procedente de diferentes sistemas, sin perder control ni seguridad.

En **Excel 365,** es posible conectarse a distintos tipos de **bases de datos** y trabajar con su información directamente en las hojas de cálculo.

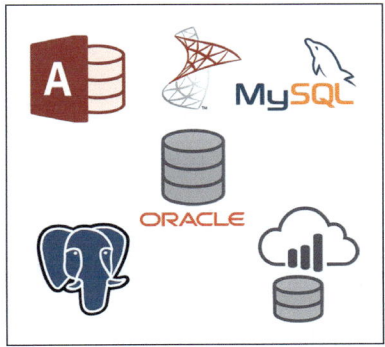

*Principales sistemas de gestión de bases de datos compatibles con Excel, tanto locales como en la nube.*

Las **principales bases de datos** son las siguientes:

➲ **Microsoft Access:**

- ◔ Formato: .accdb o .mdb.
- ◔ Base de datos de escritorio de Microsoft.
- ◔ Se conecta fácilmente a través de **Datos → Obtener datos → Desde Access.**

➲ **Microsoft SQL Server:**

- ◔ Base de datos empresarial muy usada en entornos corporativos.
- ◔ Se conecta desde **Datos → Obtener datos → Desde bases de datos → Desde SQL Server.**
- ◔ Permite consultas directas con SQL y trabajar con grandes volúmenes de datos.

➲ **MySQL:**

- ◔ Base de datos de código abierto, muy utilizada en páginas web y aplicaciones *online*.
- ◔ Se conecta a Excel mediante el conector ODBC o Power Query.

➲ **Oracle Database:**

- ◔ Base de datos robusta usada en grandes empresas.
- ◔ Excel puede conectarse usando controladores específicos (Oracle ODBC/ODAC).

⊃ **PostgreSQL**

◊ Base de datos libre y muy potente, alternativa a Oracle y SQL Server.
◊ Se conecta con Excel mediante ODBC o complementos de Power Query.

⊃ **Bases de datos ODBC genéricas**

◊ Cualquier base de datos que tenga un controlador ODBC (Open Database Connectivity).
◊ Excel puede acceder a ellas configurando la conexión en el sistema.

⊃ **Servicios en la nube/*big data* (a través de Power Query)**

◊ Azure SQL Database (de Microsoft).
◊ Google BigQuery, Snowflake o Amazon Redshift (conectores externos o de terceros).
◊ Excel usa Power Query para traer y transformar los datos en tiempo real.

 **TAREA 3**

La empresa Logística Baztán S. L. gestiona una base de datos con clientes y ventas. El equipo quiere automatizar consultas para no tener que revisar manualmente fila por fila. A continuación, se muestra una tabla con los datos:

- Raquel - Madrid - Informática - 7.200 €
- Susana - Valencia - Textil - 3.400 €
- Belinda - Sevilla - Alimentación - 5.600 €
- Manuel - Barcelona - Papelería - 2.800 €
- Rodrigo - Bilbao - Limpieza - 4.900 €

| | A | B | C | D |
|---|---|---|---|---|
| 1 | Cliente | Ciudad | Categoría de producto | Importe (€) |
| 2 | Raquel | Madrid | Informática | 7.200 |
| 3 | Susana | Valencia | Textil | 3.400 |
| 4 | Belinda | Sevilla | Alimentación | 5.600 |
| 5 | Manuel | Barcelona | Papelería | 2.800 |
| 6 | Rodrigo | Bilbao | Limpieza | 4.900 |

*Continúa en página siguiente >>*

*<< Viene de página anterior*

El departamento de análisis necesita:

- Localizar rápidamente el importe de la venta realizada por Belinda.
- Obtener el mismo resultado utilizando una fórmula alternativa más flexible que BUSCARV.

---

# 6. Resumen

Las funciones, los vínculos y el trabajo con bases de datos muestra cómo Microsoft Excel amplía su potencial al trabajar con datos de gran volumen y procedencia variada.

En primer lugar, las funciones de búsqueda (BUSCARV, BUSCARH, INDICE y COINCIDIR) agilizan la localización de información dentro de tablas extensas y, al combinarse, permiten construir búsquedas más flexibles y precisas.

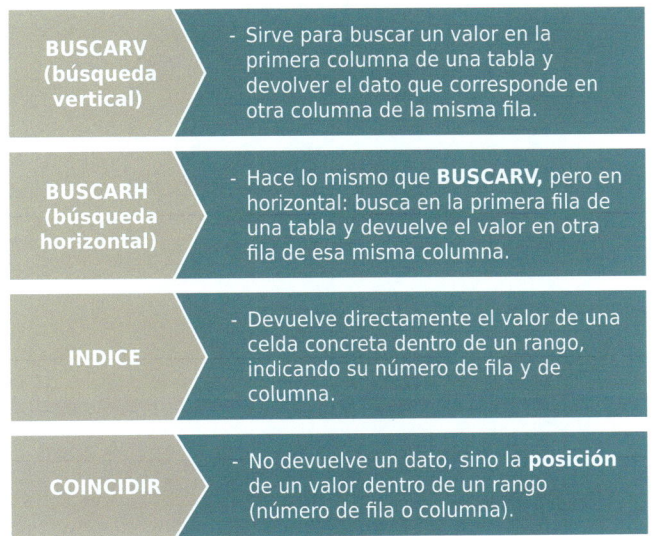

| | |
|---|---|
| **BUSCARV (búsqueda vertical)** | - Sirve para buscar un valor en la primera columna de una tabla y devolver el dato que corresponde en otra columna de la misma fila. |
| **BUSCARH (búsqueda horizontal)** | - Hace lo mismo que **BUSCARV,** pero en horizontal: busca en la primera fila de una tabla y devuelve el valor en otra fila de esa misma columna. |
| **INDICE** | - Devuelve directamente el valor de una celda concreta dentro de un rango, indicando su número de fila y de columna. |
| **COINCIDIR** | - No devuelve un dato, sino la **posición** de un valor dentro de un rango (número de fila o columna). |

Las funciones tridimensionales consolidan datos de varias hojas de un mismo libro (por ejemplo, totales de distintos meses), evitando repetir cálculos manuales.

Además, Excel se conecta con fuentes externas como:

Archivos de texto (.csv, .txt)

Bases de datos (Access, SQL, MySQL, Oracle, PostgreSQL)

Servicios en la nube mediante Power Query

La gestión de conexiones desde la pestaña Datos permite actualizar, editar o eliminar orígenes de manera segura y optimizada, filtrando solo lo necesario y garantizando un rendimiento estable incluso en entornos complejos.

# Ejercicios de autoevaluación
# Unidad de Aprendizaje 3

1. **¿Qué función de Excel permite buscar un valor en la primera columna de una tabla y devolver un dato de otra columna?**

   a. BUSCARH
   b. INDICE
   c. BUSCARV
   d. COINCIDIR

2. **¿Qué combinación de funciones en Excel ofrece una alternativa más flexible a BUSCARV?**

   a. SUMA + PROMEDIO
   b. INDICE + COINCIDIR
   c. SI + Y
   d. MAX + MIN

3. **Indica si las siguientes oraciones son verdaderas o falsas:**

   a. La función BUSCARV solo puede buscar valores en la primera columna de una tabla.

      - Verdadero
      - Falso

   b. Combinando INDICE y COINCIDIR se puede realizar una búsqueda más flexible que con BUSCARV.

      - Verdadero
      - Falso

   c. Las funciones tridimensionales permiten realizar cálculos en varias hojas de un libro de Excel al mismo tiempo.

      - Verdadero
      - Falso

**4. ¿Qué elemento separa la referencia de hojas del rango de celdas en una función tridimensional?**

    a. Dos puntos (:)
    b. Punto y coma (;)
    c. Signo de exclamación (!)
    d. Barra inclinada (/)

**5. ¿Cuál de las siguientes NO es una fuente de datos externos que Excel puede conectar de forma nativa?**

    a. Archivos .csv
    b. Archivos de Access
    c. Servidores SQL
    d. Imágenes .jpg

**6. Relaciona las dos columnas uniendo cada concepto de la columna A con la descripción correcta en la columna B.**

**Columna A**

    a. INDICE
    b. COINCIDIR
    c. BUSCARH
    d. Función tridimensional

**Columna B**

    __ Devuelve el valor de una celda concreta según su fila y columna.
    __ Devuelve la posición de un valor en un rango.
    __ Busca en la primera fila de una tabla.
    __ Realiza operaciones en varias hojas al mismo tiempo.

**7. ¿Qué opción de Excel es más adecuada para importar datos desde un servidor SQL?**

    a. Insertar → Tabla
    b. Datos → Obtener datos → Desde bases de datos
    c. Fórmula → Insertar función
    d. Diseño de página → Conexiones

**8. ¿Cuál es la ventaja principal de combinar INDICE + COINCIDIR frente a BUSCARV?**

    a. Permite buscar valores aunque no estén en la primera columna.
    b. Reduce el tamaño del archivo.
    c. Se ejecuta más rápido que BUSCARV en cualquier caso.
    d. No necesita rangos como argumento.

**9. Indica si las siguientes oraciones son verdaderas o falsas:**

    a. La función COINCIDIR devuelve el valor de la celda, no la posición del dato en el rango.

        ■ Verdadero
        ■ Falso

    b. La función BUSCARH está pensada para buscar valores en filas, en lugar de en columnas.

        ■ Verdadero
        ■ Falso

    c. La referencia tridimensional en Excel se escribe usando el símbolo de exclamación (!) para separar hojas y celdas.

        ■ Verdadero
        ■ Falso

**10. Indica si las siguientes oraciones son verdaderas o falsas:**

    a. Excel 365 permite conectarse a bases de datos externas como SQL Server o MySQL mediante Power Query u ODBC.

        ■ Verdadero
        ■ Falso

    b. Un archivo .csv guarda datos con fórmulas y formatos, igual que un libro de Excel.

        ■ Verdadero
        ■ Falso

c. La opción Actualizar todo en la pestaña Datos permite refrescar todas las conexiones externas de Excel de una sola vez.

- ■ Verdadero
- ■ Falso

# Subtotales y esquemas, tablas dinámicas e introducción a macros

## Contenido

1. Introducción
2. Subtotales y esquemas automáticos
3. Creación y personalización de tablas dinámicas
4. Análisis interactivo con segmentaciones y campos calculados
5. Introducción a macros: grabación y ejecución básica
6. Resumen

## Objetivos

El objetivo general de esta Unidad de Aprendizaje es:

→ Adquirir competencias en el uso de subtotales y tablas dinámicas para resumir y analizar información, además de introducirse en la automatización mediante macros.

Los objetivos específicos de esta Unidad de Aprendizaje son:

→ Generar subtotales y esquemas automáticos para resumir grandes conjuntos de datos.

→ Crear tablas dinámicas para obtener análisis flexibles.

→ Aplicar segmentaciones y campos calculados que faciliten la exploración interactiva de la información.

→ Comprender los fundamentos de las macros y grabar instrucciones básicas que automaticen tareas repetitivas.

# 1. Introducción

Cuando una base de datos contiene cientos de registros, los subtotales y las tablas dinámicas se convierten en aliados fundamentales para resumir y explorar la información sin necesidad de fórmulas complejas. Gracias a sus opciones de personalización, permiten generar informes claros y adaptados a las necesidades de cada usuario.

Por otro lado, las macros suponen un primer paso hacia la automatización, ya que permiten grabar secuencias de acciones y reproducirlas en segundos. Con ellas, Excel se transforma en una herramienta más potente y eficiente, capaz de ahorrar tiempo en procesos repetitivos. Esta unidad servirá como puerta de entrada al análisis dinámico y a la automatización básica.

Con la base de datos ya conectada y organizada, a Elsa y Rocío les surge una nueva necesidad: presentar informes claros para sus reuniones y ahorrar tiempo en las tareas repetitivas. Aprenden entonces a usar subtotales y tablas dinámicas para resumir la información y, como paso final, se inician en las macros, descubriendo cómo Excel puede automatizar parte de su trabajo diario.

# 2. Subtotales y esquemas automáticos

 **HILO CONDUCTOR**

En una reunión, la gerencia les pide a Elsa y Rocío que presenten las ventas totales por ciudad. Elsa comienza a sumar manualmente, pero Rocío le enseña los subtotales y esquemas automáticos, que generan resúmenes claros en segundos.

Los **subtotales** permiten **agrupar información en una tabla** y calcular operaciones (suma, promedio, contar, máximo, mínimo, etc.) sobre los grupos definidos por una columna.

Las **características** principales son las siguientes:

**Ordenados**
- Se aplican a una tabla o rango que esté ordenado previamente por la columna en la que se agruparán los datos.

**Automáticos**
- Insertan automáticamente filas de resumen debajo de cada grupo.

**Combinados**
- Se pueden mostrar totales generales y subtotales al mismo tiempo.

**Jerárquicos**
- Es posible añadir varios niveles de subtotales (por ejemplo, primero por "Departamento" y dentro de cada uno por "Empleado").

 **NOTA**

En Excel 365, la herramienta **Subtotales** se suele usar en tablas ordenadas por categorías (por ejemplo, ventas por ciudad, productos o meses). De esta forma, se obtiene una visión resumida sin necesidad de escribir fórmulas para cada grupo de datos.

Un **esquema** es una estructura jerárquica que permite **contraer o expandir datos** en un rango, mostrando solo los niveles de detalle que se necesiten. Facilitan trabajar con tablas muy grandes, ocultando o mostrando secciones completas de información.

Los botones con (+) y (–) aparecen en el lateral izquierdo de la hoja y permiten expandir o contraer los niveles.

Hay dos formas de generar un esquema en Excel 365:

**Manualmente**
- Seleccionas y agrupas tú las filas/columnas.

**Automáticamente**
- Aplicas **Subtotales** y Excel crea el esquema jerárquico por ti.

**NOTA**

Se pueden tener hasta 8 niveles de esquema.

---

El **proceso** para crear un **esquema manualmente** es el siguiente:

- **Paso 1.** Selecciona las filas o columnas que quieres agrupar.
- **Paso 2.** En la cinta de opciones, ve a:

    **Datos → Esquema → Agrupar**

- **Paso 3.** Excel añadirá en el margen izquierdo (o superior, si agrupas columnas) un botón con un signo "–".Si lo pulsas, se ocultan las filas seleccionadas y aparece un "+" para volver a expandirlas.
- **Paso 4.** Repite el proceso para otras secciones que quieras agrupar.

Por su parte, los **pasos** para crear un **esquema automáticamente con subtotales** son los siguientes:

- **Paso 1.** Ordena los datos por la columna sobre la que quieres agrupar (ejemplo: "Región"). Esto es importante, porque Excel necesita que los datos similares estén juntos.
- **Paso 2.** Selecciona la tabla de datos y ve a:

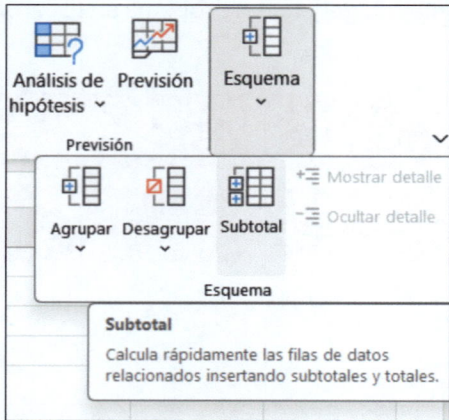

⮕ **Datos → Esquema → Subtotal**
⮕ En el cuadro de diálogo:

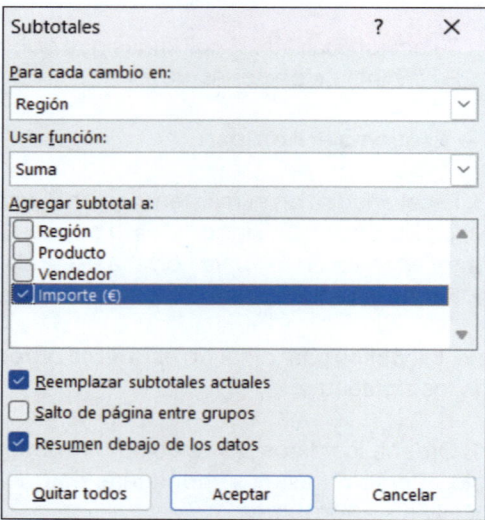

○ **En cada cambio en** → selecciona la columna que agrupa (ejemplo: "Región").
○ **Usar función** → elige la operación (**Suma, Promedio, Contar, Máx., Mín.,** etc.).
○ **Agregar subtotal a** → marca la columna numérica que quieres resumir (ejemplo: "Importe").

➲ **Paso 3.** Haz clic en **Aceptar:**

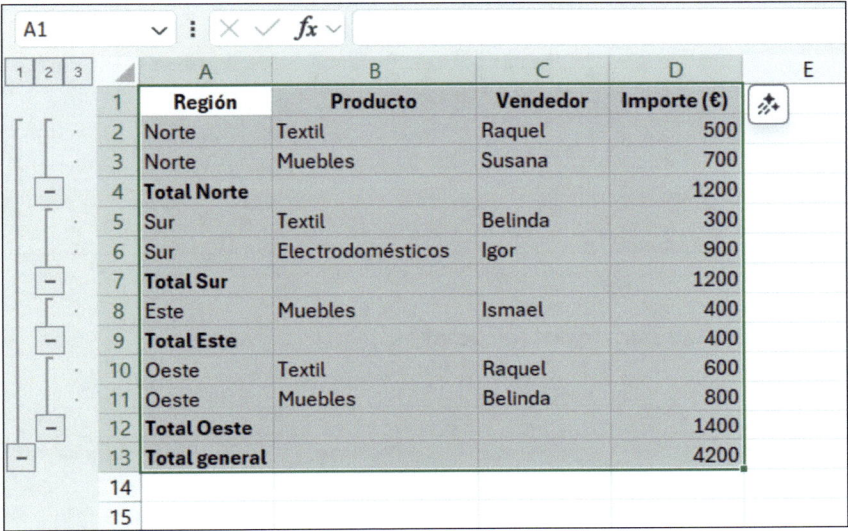

◑ Excel ha agrupado los datos por "Región".
◑ Debajo de cada grupo aparece una fila de "Total [Región]" (ejemplo: "Total Norte = 1.200").
◑ Al final aparece un "Total general = 4.200", que suma todas las regiones.
◑ A la izquierda se ven los **niveles de esquema (1, 2, 3)** que permiten expandir o contraer el detalle con los botones "+" y "–".

➲ **Paso 4.** Usa los botones de nivel:

**1 → Solo muestra el total general:**

| | A | B | C | D |
|---|---|---|---|---|
| 1 | Región | Producto | Vendedor | Importe (€) |
| 13 | Total general | | | 4200 |
| 14 | | | | |

**2 → Muestra subtotales por grupo:**

| 1  2  3 |    | A | B | C | D |
|---|---|---|---|---|---|
|   | 1 | **Región** | **Producto** | **Vendedor** | **Importe (€)** |
| + | 4 | **Total Norte** | | | 1200 |
| + | 7 | **Total Sur** | | | 1200 |
| + | 9 | **Total Este** | | | 400 |
| + | 12 | **Total Oeste** | | | 1400 |
| − | 13 | **Total general** | | | 4200 |
|   | 14 | | | | |

**3 → Muestra todos los detalles:**

| 1  2  3 |    | A | B | C | D |
|---|---|---|---|---|---|
|   | 1 | **Región** | **Producto** | **Vendedor** | **Importe (€)** |
|   | 2 | Norte | Textil | Raquel | 500 |
|   | 3 | Norte | Muebles | Susana | 700 |
| − | 4 | **Total Norte** | | | 1200 |
|   | 5 | Sur | Textil | Belinda | 300 |
|   | 6 | Sur | Electrodomésticos | Igor | 900 |
| − | 7 | **Total Sur** | | | 1200 |
|   | 8 | Este | Muebles | Ismael | 400 |
| − | 9 | **Total Este** | | | 400 |
|   | 10 | Oeste | Textil | Raquel | 600 |
|   | 11 | Oeste | Muebles | Belinda | 800 |
| − | 12 | **Total Oeste** | | | 1400 |
| − | 13 | **Total general** | | | 4200 |
|   | 14 | | | | |

## NOTA

Esta es la forma más rápida y usada, porque Excel genera el esquema al mismo tiempo que calcula subtotales.

## 3. Creación y personalización de tablas dinámicas

### 👉 HILO CONDUCTOR

Con la base ya organizada, necesitan preparar informes más completos. Rocío le muestra a Elsa las tablas dinámicas: con solo arrastrar campos, logran reorganizar la información y generar resúmenes comparativos sin fórmulas complicadas.

Las **tablas dinámicas** son una de las herramientas más potentes de Excel 365. Permiten resumir, analizar y reorganizar grandes volúmenes de información de forma flexible e interactiva.

Los **pasos** básicos para crear una **tabla dinámica** son los siguientes:

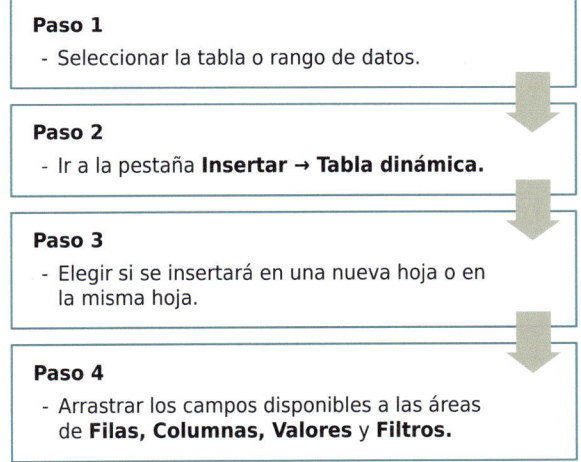

**Paso 1**
- Seleccionar la tabla o rango de datos.

**Paso 2**
- Ir a la pestaña **Insertar → Tabla dinámica.**

**Paso 3**
- Elegir si se insertará en una nueva hoja o en la misma hoja.

**Paso 4**
- Arrastrar los campos disponibles a las áreas de **Filas, Columnas, Valores** y **Filtros.**

Excel ofrece muchas **opciones de personalización** como:

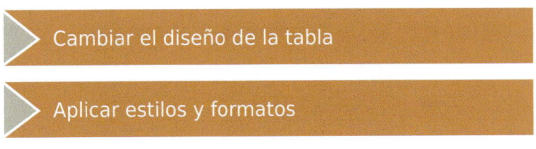

Cambiar el diseño de la tabla

Aplicar estilos y formatos

*Continúa en página siguiente >>*

*<< Viene de página anterior*

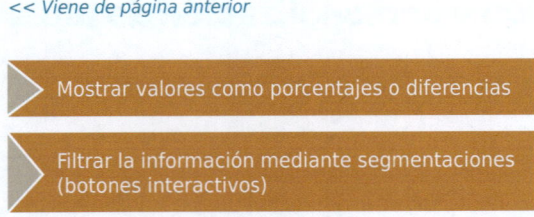

Mostrar valores como porcentajes o diferencias

Filtrar la información mediante segmentaciones (botones interactivos)

Con estas herramientas, se pueden elaborar informes claros, dinámicos y adaptados a cada necesidad.

 **EJEMPLO**

En este ejemplo crearemos una tabla dinámica en Excel 365 con datos de ventas por región, producto e importes.

Los datos de partida (tabla "Ventas") son:

| | A | B | C | D |
|---|---|---|---|---|
| 1 | **Región** | **Producto** | **Vendedor** | **Importe (€)** |
| 2 | Norte | Textil | Raquel | 500 |
| 3 | Norte | Muebles | Susana | 700 |
| 4 | Sur | Textil | Belinda | 300 |
| 5 | Sur | Electrodomésticos | Igor | 900 |
| 6 | Este | Muebles | Ismael | 400 |
| 7 | Oeste | Textil | Raquel | 600 |
| 8 | Oeste | Muebles | Belinda | 800 |

Para crear la tabla dinámica:

- Paso 1 - Seleccionar la tabla o rango

Selecciona desde A1:D8 (incluyendo encabezados).

*Continúa en página siguiente >>*

*<< Viene de página anterior*

- Paso 2 - Insertar tabla dinámica

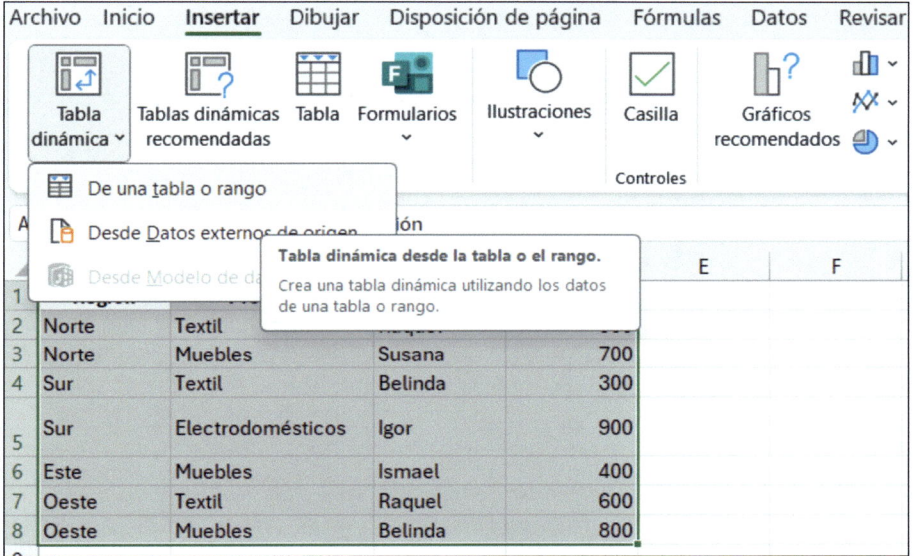

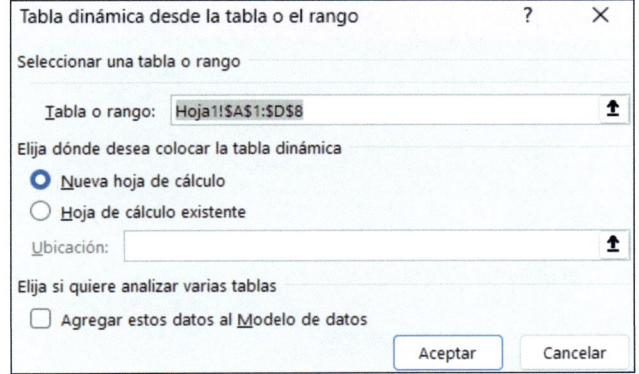

Ve a **Insertar → Tabla dinámica.**
Elige **Nueva hoja de cálculo.**
Pulsa **Aceptar.**

*Continúa en página siguiente >>*

*<< Viene de página anterior*

- Paso 3 - Organizar campos

En el panel de la tabla dinámica:

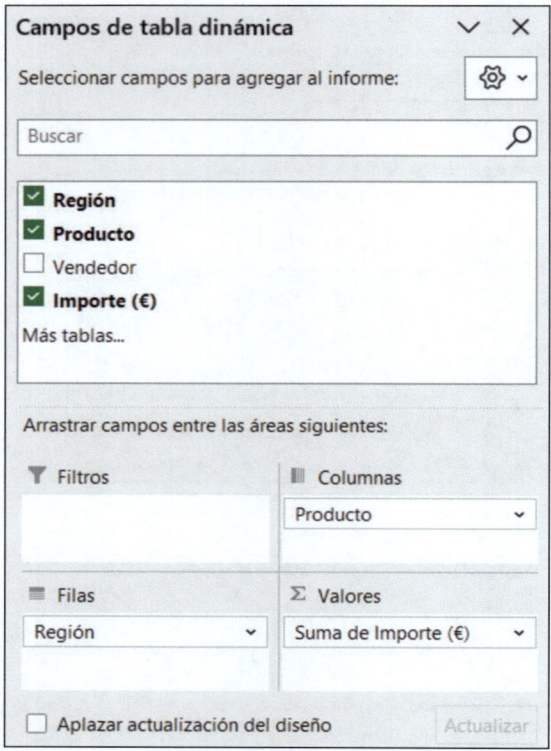

Región → al área de **Filas.**

Producto → al área de **Columnas.**

Importe (€) → al área de **Valores** (Excel calculará la suma).

*Continúa en página siguiente >>*

*<< Viene de página anterior*

| | A | B | C | D | E |
|---|---|---|---|---|---|
| 1 | | | | | |
| 2 | | | | | |
| 3 | **Suma de Importe (€)** | **Etiquetas de columna** ▾ | | | |
| 4 | **Etiquetas de fila** ▾ | **Electrodomésticos** | **Muebles** | **Textil** | **Total general** |
| 5 | Este | | 400 | | 400 |
| 6 | Norte | | 700 | 500 | 1200 |
| 7 | Oeste | | 800 | 600 | 1400 |
| 8 | Sur | 900 | | 300 | 1200 |
| 9 | **Total general** | **900** | **1900** | **1400** | **4200** |
| 10 | | | | | |
| 11 | | | | | |

Para llevar a cabo la personalización de la tabla puedes, por ejemplo:

**Filtrar por vendedor** → arrastra "Vendedor" a **Filtros** y podrás ver las ventas de "Raquel", "Susana", "Belinda", "Igor" o "Ismael" de forma individual:

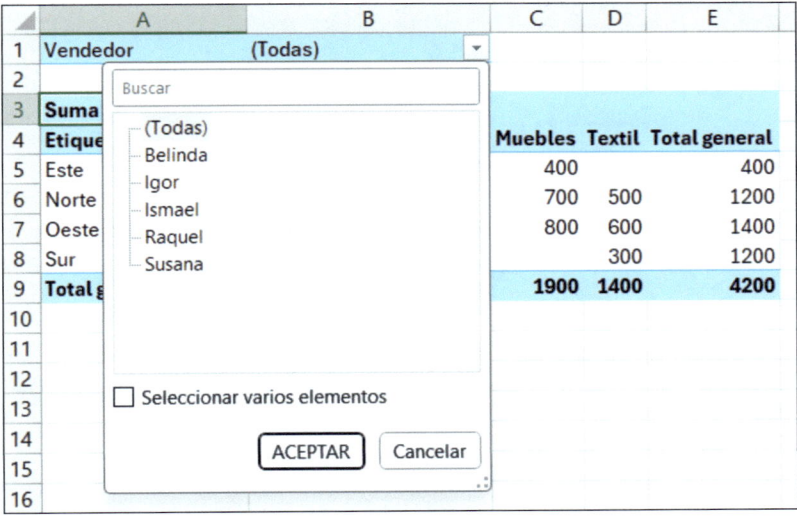

*Continúa en página siguiente >>*

[ 115 ]

*<< Viene de página anterior*

|  | A | B | C |
|---|---|---|---|
| 1 | Vendedor | Raquel | |
| 2 | | | |
| 3 | Suma de Importe (€) | Producto | |
| 4 | Región | Textil | Total general |
| 5 | Norte | 500 | 500 |
| 6 | Oeste | 600 | 600 |
| 7 | Total general | 1100 | 1100 |
| 8 | | | |

Diseño tabular → en **Diseño de informe → Mostrar en formato tabular** para que quede más claro:

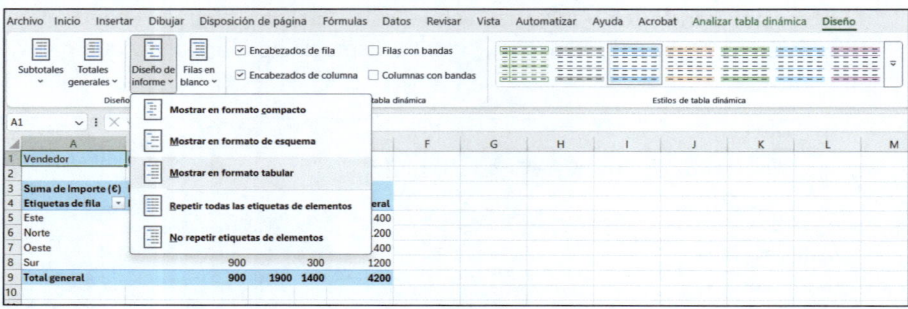

|  | A | B | C | D | E |
|---|---|---|---|---|---|
| 1 | Vendedor | (Todas) | | | |
| 2 | | | | | |
| 3 | Suma de Importe (€) | Producto | | | |
| 4 | Región | Electrodomésticos | Muebles | Textil | Total general |
| 5 | Este | | 400 | | 400 |
| 6 | Norte | | 700 | 500 | 1200 |
| 7 | Oeste | | 800 | 600 | 1400 |
| 8 | Sur | 900 | | 300 | 1200 |
| 9 | Total general | 900 | 1900 | 1400 | 4200 |
| 10 | | | | | |

 **TAREA 4**

La empresa Logística Baztán S. L. dispone de una base de datos con las ventas realizadas por su equipo comercial. El gerente quiere un informe que le permita ver el importe total vendido por cada ciudad y, además, comparar los resultados según la categoría de producto.

Los datos son los siguientes:

- Raquel - Madrid - Informática - 7.200 €
- Susana - Valencia - Textil - 3.400 €
- Belinda - Sevilla - Alimentación - 5.600 €
- Manuel - Barcelona - Papelería - 2.800 €
- Rodrigo - Bilbao - Limpieza - 4.900 €
- Raquel - Madrid - Textil - 2.500 €
- Susana - Valencia - Alimentación - 4.300 €
- Belinda - Sevilla - Informática - 6.200 €

| | A | B | C | D |
|---|---|---|---|---|
| 1 | **Cliente** | **Ciudad** | **Categoría de producto** | **Importe (€)** |
| 2 | Raquel | Madrid | Informática | 7.200 |
| 3 | Susana | Valencia | Textil | 3.400 |
| 4 | Belinda | Sevilla | Alimentación | 5.600 |
| 5 | Manuel | Barcelona | Papelería | 2.800 |
| 6 | Rodrigo | Bilbao | Limpieza | 4.900 |
| 7 | Raquel | Madrid | Textil | 2.500 |
| 8 | Susana | Valencia | Alimentación | 4.300 |
| 9 | Belinda | Sevilla | Informática | 6.200 |

Tu tarea es ayudar al equipo a crear una tabla dinámica que muestre el total de ventas por ciudad y categoría de producto.

# 4. Análisis interactivo con segmentaciones y campos calculados

## ☞ HILO CONDUCTOR

En una feria del sector, Elsa quiere mostrar a un posible cliente cómo han evolucionado sus ventas por categorías. Rocío le enseña a usar segmentaciones para filtrar datos de forma visual y campos calculados que permiten generar indicadores adicionales sin modificar la base original.

Las **segmentaciones** son filtros visuales que se aplican a tablas dinámicas. Permiten seleccionar los valores que se quieren ver con solo un clic, facilitando la exploración interactiva de la información.

Se insertan desde la pestaña **Insertar → Segmentación de datos:**

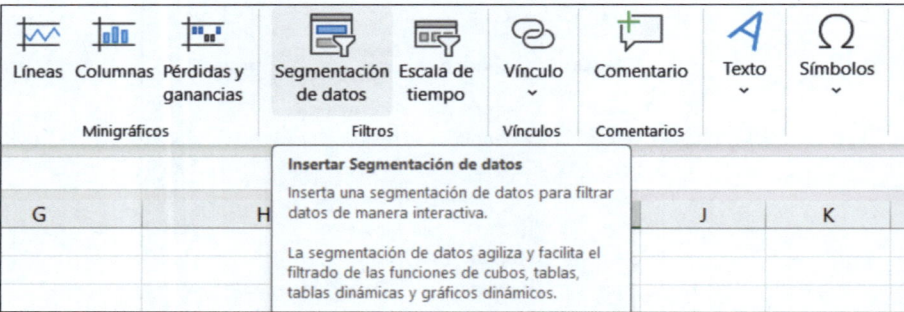

En la ventana para insertar segmentación de datos hay que seleccionar los campos que se desean mostrar.

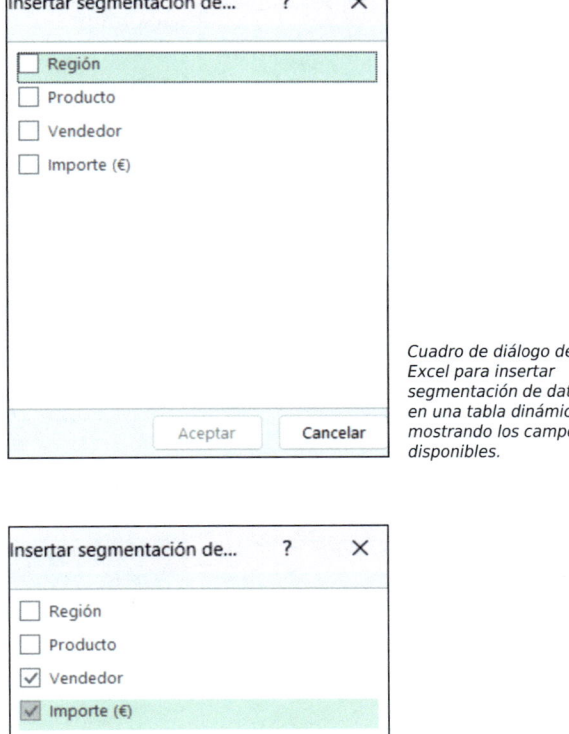

*Cuadro de diálogo de Excel para insertar segmentación de datos en una tabla dinámica, mostrando los campos disponibles.*

*Selección de los campos "Vendedor" e "Importe (€)" en el cuadro de segmentación de datos de Excel para aplicarlos a la tabla dinámica.*

Al seleccionar los campos y pulsar **Aceptar** aparecerán las segmentaciones activas, en este caso por vendedor e importe:

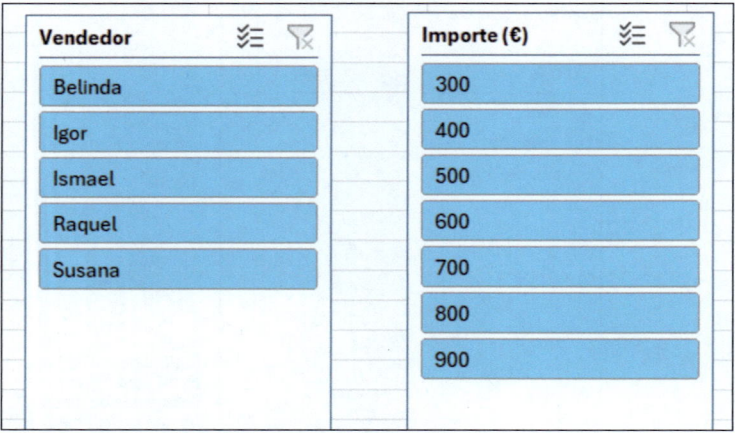

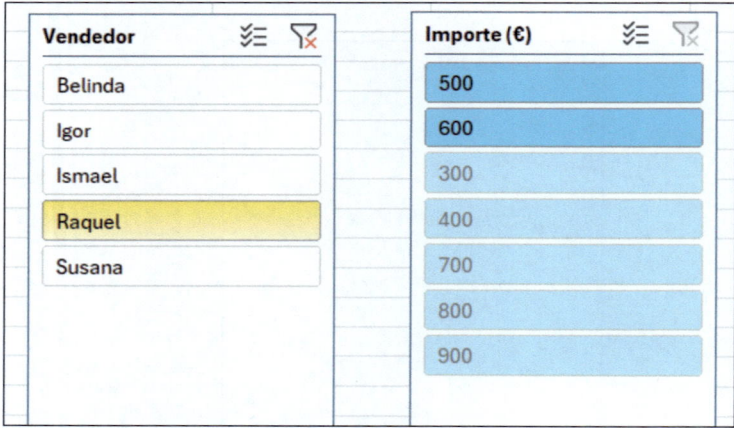

*Segmentación de datos en Excel aplicada a una tabla dinámica, mostrando los campos "Vendedor" e "Importe (€)" para filtrar la información.*

 **NOTA**

Se pueden aplicar a una o varias tablas dinámicas. Y son especialmente útiles en presentaciones porque permiten cambiar los datos mostrados de manera inmediata.

Por otro lado, los **campos calculados** permiten crear nuevas métricas a partir de los datos ya existentes.

 **EJEMPLO**

Si se tiene una columna de ventas y otra de coste, se puede crear un campo calculado:

**"Margen" = Ventas - Coste**

De esta manera, las tablas dinámicas también generan indicadores adicionales para el análisis.

Los **campos calculados** permiten añadir operaciones personalizadas como si fuera una nueva columna virtual dentro de la tabla dinámica.

Para crear un campo calculado tienes que seguir el siguiente **proceso:**

⮑ **Haz clic en cualquier parte de la tabla dinámica.**
Esta acción hace que se active la pestaña **Analizar tabla dinámica** u **Opciones** (según tu versión de Excel).
⮑ En la cinta de opciones, ve a **Analizar tabla dinámica → Campos, elementos y conjuntos → Campo calculado**
Se abrirá una ventana llamada **Campo calculado:**

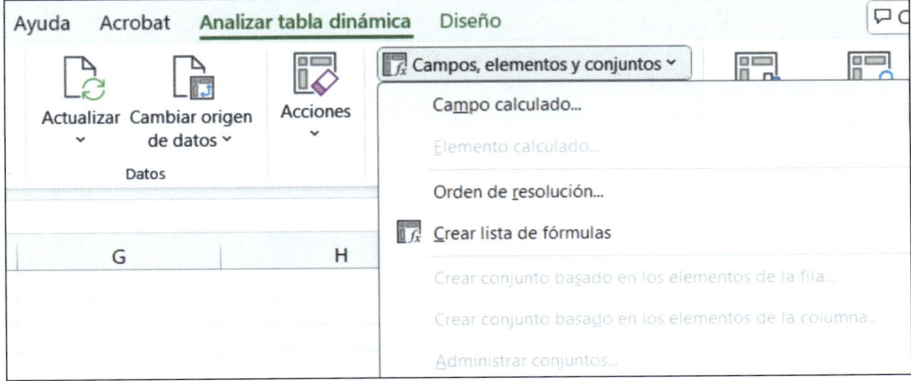

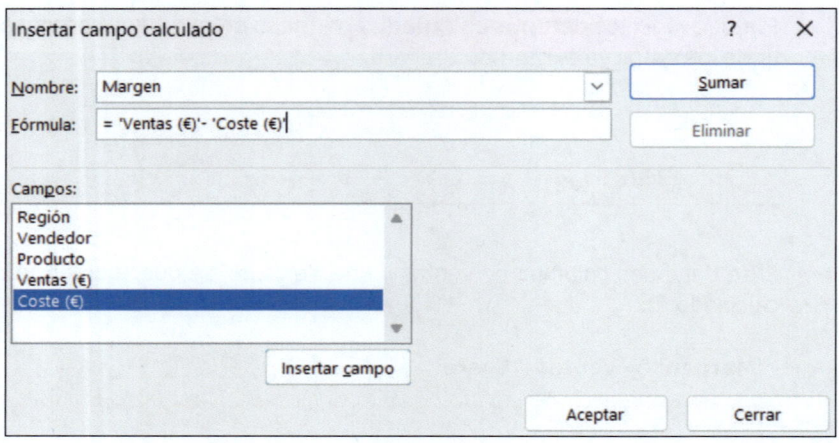

🜚 Nombre: escribe el nombre de la métrica nueva (ejemplo: "Margen").
🜚 Fórmula: escribe la operación que quieres calcular. Por ejemplo: = **Ventas – Coste**

Los nombres de los campos deben coincidir con los de tu tabla.

🜚 Pulsa **Aceptar**
Excel añadirá ese campo a la tabla dinámica y lo verás dentro del área de "Valores":

| ⬜ | A | B | C | D |
|---|---|---|---|---|
| 1 | | | | |
| 2 | | | | |
| 3 | **Etiquetas de fila** ▾ | **Suma de Ventas (€)** | **Suma de Coste (€)** | **Suma de Margen** |
| 4 | Norte | 2.700 | 1800 | 900 |
| 5 | Sur | 2.000 | 1400 | 600 |
| 6 | **Total general** | **4.700** | **3200** | **1500** |
| 7 | | | | |
| 8 | | | | |

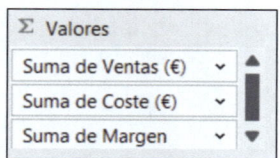

# 5. Introducción a macros: grabación y ejecución básica

👉 **HILO CONDUCTOR**

Cansada de repetir siempre los mismos pasos para actualizar sus informes, Elsa le pregunta a Rocío si hay alguna forma de automatizar el proceso. Es entonces cuando Rocío le introduce en el mundo de las macros: grabar acciones y ejecutarlas con un clic para ahorrar tiempo y evitar errores.

Una **macro** es una secuencia de pasos que Excel guarda y que se puede reproducir en cualquier momento. Son muy útiles para automatizar tareas repetitivas, como dar formato a una tabla, aplicar filtros o generar informes.

En Excel 365 se pueden crear macros mediante el **Grabador de macros.**

El **proceso** es el siguiente:

➲ **Paso 1:**
   Ir a la pestaña **Vista → Macros → Grabar macro:**

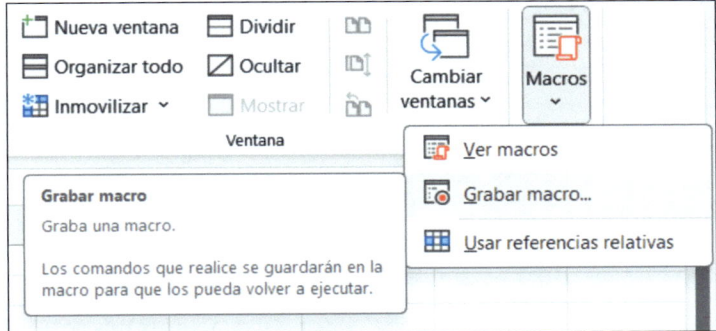

➲ **Paso 2**
   Darle un nombre a la macro y asignarle un acceso rápido si se desea.

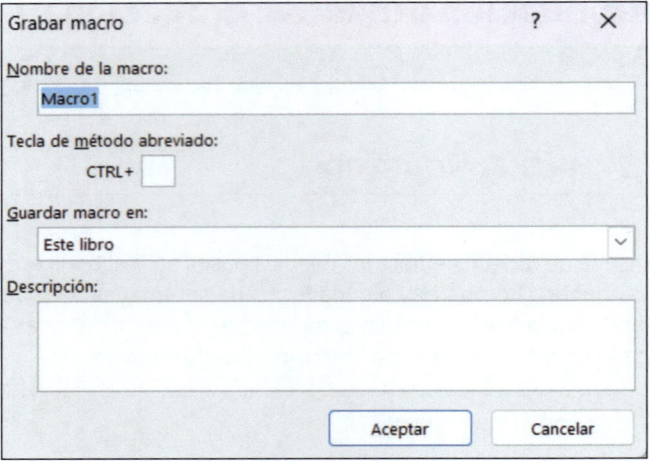

⊃ **Paso 3**
Realizar las acciones que se quieran automatizar (por ejemplo, aplicar un filtro, cambiar formato, insertar un gráfico...).

⊃ **Paso 4**
Detener la grabación:

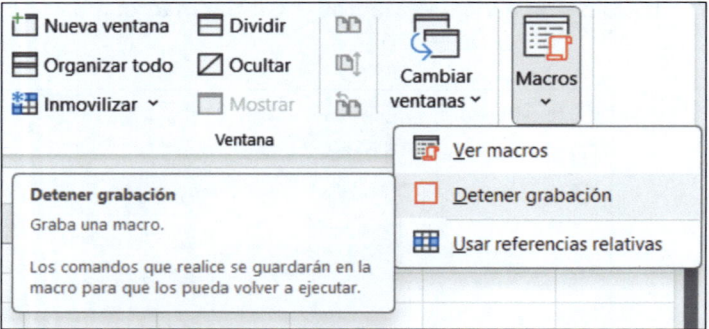

A partir de ese momento, cada vez que se ejecute la macro, Excel repetirá los pasos grabados automáticamente.

## NOTA

Aunque las macros utilizan el lenguaje VBA *(Visual Basic for Applications)*, no es necesario programar para empezar: basta con **grabar** y **ejecutar.**

Una macro no es algo fijo. Aunque inicialmente se grabe de forma automática, siempre se puede **modificar** para adaptarla a lo que necesites:

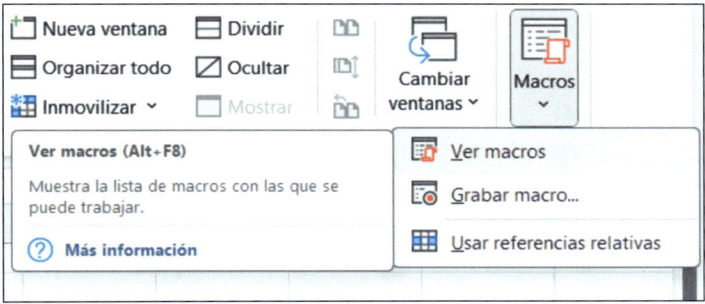

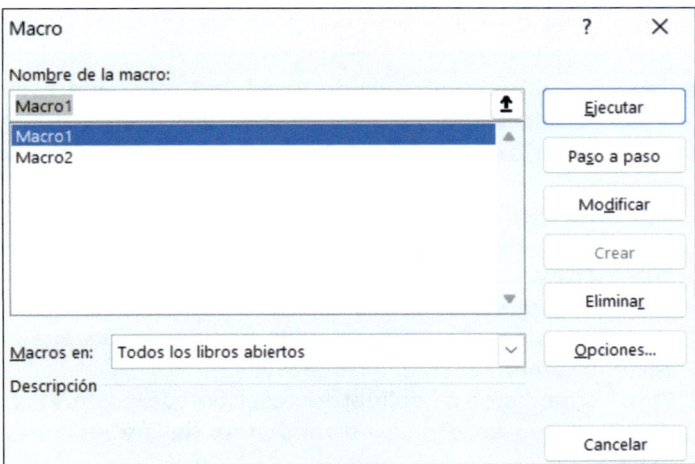

Las opciones principales de la opción **Ver macros** son las siguientes:

**Ejecutar**
- Lanza la macro seleccionada (por ejemplo, "Macro1" o "Macro2") y ejecuta las instrucciones grabadas o programadas.

**Paso a paso**
- Permite ejecutar la macro línea por línea para ver cómo funciona; útil para depurar errores.

**Modificar**
- Abre el **Editor de Visual Basic (VBA),** donde puedes editar el código de la macro, cambiar instrucciones, añadir nuevas líneas o corregir errores.

**Eliminar**
- Borra la macro seleccionada del libro.

**Opciones...**
- Permite asignar un atajo de teclado o añadir una descripción a la macro.

 ## APLICACIÓN PRÁCTICA

**Las macros se pueden crear en Excel 365 mediante el Grabador de macros, sin necesidad de programar en VBA. ¿Cuál de las siguientes opciones describe correctamente el uso básico de las macros?**

- **Una macro en Excel consiste en copiar y pegar datos entre hojas; no permite automatizar pasos ni reproducir acciones de forma automática.**
- **Las macros permiten grabar una serie de acciones, como dar formato a una tabla o aplicar filtros, para ejecutarlas después con un solo clic y automatizar tareas repetitivas.**
- **Para usar macros es obligatorio escribir código en VBA desde cero, ya que Excel no ofrece herramientas de grabación accesibles al usuario.**
- **Una vez grabada, una macro no se puede modificar, por lo que si cambia el proceso hay que volver a grabarla desde el inicio.**

*Continúa en página siguiente >>*

*<< Viene de página anterior*

**Solución**

Las macros en Excel se utilizan para grabar una serie de acciones que luego pueden ejecutarse con un solo clic, lo que permite automatizar tareas repetitivas como dar formato a una tabla, aplicar filtros o generar informes. Gracias al **Grabador de macros,** no es necesario programar en VBA para crearlas, aunque siempre es posible modificar posteriormente su código desde el editor si se quiere ajustar o mejorar el proceso. De esta forma, las macros se convierten en una herramienta eficaz para ahorrar tiempo y reducir errores en el trabajo con hojas de cálculo.

---

 **ACTIVIDAD COMPLEMENTARIA**

4. Investiga cómo se crean y utilizan las macros en Excel 365 para automatizar tareas repetitivas. Además, reflexiona sobre su utilidad en tu propio contexto de trabajo o estudio.
   Debes responder a las siguientes cuestiones:
   ¿Qué ventajas tendrá grabar una macro frente a realizar manualmente la misma tarea varias veces?
   ¿Qué precauciones deberás considerar antes de ejecutar macros en un archivo recibido de otra persona?

---

# 6. Resumen

Los **subtotales** permiten resumir datos agrupados por una columna, generando automáticamente filas de total por cada grupo y un total general. Se pueden combinar varios niveles y crear una estructura jerárquica con botones para expandir o contraer la información.

Un **esquema** es esa estructura que organiza los datos en niveles. Puede hacerse de dos formas:

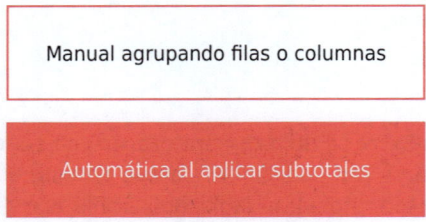

Las **tablas dinámicas** son una herramienta flexible para analizar grandes volúmenes de información. Se insertan desde la pestaña **Insertar** y luego basta con arrastrar campos a **Filas, Columnas, Valores** o **Filtros** para reorganizar los datos sin fórmulas complicadas.

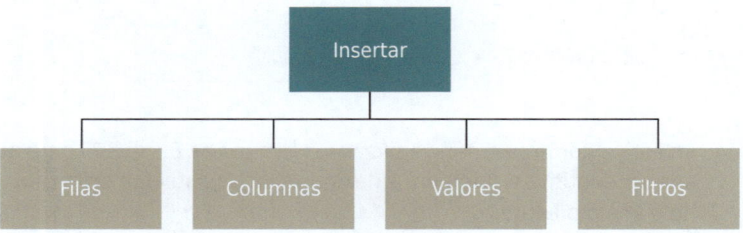

Las **segmentaciones** son filtros visuales que se conectan a tablas dinámicas y permiten seleccionar datos con un clic. Además, los **campos calculados** crean nuevas métricas a partir de las existentes.

Las **macros** sirven para automatizar tareas repetitivas. Se graban desde **Vista → Macros,** registrando los pasos que realiza el usuario, y luego se ejecutan con un clic. Aunque se pueden editar en VBA, no es necesario programar para empezar a usarlas.

# Ejercicios de autoevaluación
# Unidad de Aprendizaje 4

**1. ¿Qué paso previo es recomendable antes de aplicar Subtotales?**

    a. Insertar segmentaciones.
    b. Convertir el rango en tabla.
    c. Ordenar por la columna por la que se agrupará.
    d. Proteger la hoja.

**2. En un esquema automático generado con Subtotales, ¿qué opción muestra solo el total general?**

    a. Nivel 3
    b. Botón –
    c. Nivel 1
    d. Mostrar en formato tabular

**3. Indica si las siguientes oraciones son verdaderas o falsas:**

    a. Los subtotales permiten combinar varios niveles de agrupación.

        ■ Verdadero
        ■ Falso

    b. Un esquema solo puede crearse aplicando Subtotales; no existe forma manual.

        ■ Verdadero
        ■ Falso

    c. Al aplicar Subtotales, Excel inserta filas de resumen automáticamente bajo cada grupo.

        ■ Verdadero
        ■ Falso

**4. ¿Cuál de las siguientes NO es una ventaja de las tablas dinámicas?**

    a. Reorganizar datos arrastrando campos.
    b. Filtrar con segmentaciones.

    c. Requieren fórmulas complejas para funcionar.
    d. Mostrar totales y subtotales.

**5. Relaciona las áreas de la tabla dinámica (columna A) con su descripción (columna B).**

**Columna A**

    a. Valores
    b. Filas
    c. Columnas
    d. Filtros

**Columna B**

    __ Agrupa horizontalmente (encabezados en la parte superior).
    __ Limita el análisis a un subconjunto sin cambiar la estructura.
    __ Agrupa verticalmente (lista a la izquierda).
    __ Zona donde se calculan sumas, recuentos, etc.

**6. ¿Cómo insertas una segmentación de datos?**

    a. Insertar → Segmentación de datos
    b. Vista → Macros
    c. Datos → Subtotal
    d. Insertar → Gráfico dinámico

**7. ¿Qué ruta permite crear un campo calculado en una tabla dinámica?**

    a. Analizar tabla dinámica → Campos, elementos y conjuntos → Campo calculado
    b. Datos → Esquema → Subtotal
    c. Insertar → Tabla
    d. Fórmulas → Insertar función

**8. En el cuadro Subtotal, ¿qué se selecciona en "En cada cambio en"?**

    a. La columna por la que se agrupará
    b. La función (Suma, Promedio...)
    c. La ubicación de la nueva hoja
    d. El orden ascendente/descendente

9. **En Ver macros, ¿qué opción permite ejecutar la macro paso a paso para depurar?**

    a. Modificar
    b. Paso a paso
    c. Eliminar
    d. Opciones

10. **Indica si las siguientes oraciones son verdaderas o falsas:**

    a. Para empezar a usar macros en Excel 365 es imprescindible programar en VBA.

       ▪ Verdadero
       ▪ Falso

    b. Se puede asignar un atajo de teclado a una macro.

       ▪ Verdadero
       ▪ Falso

    c. Desde Ver macros se pueden ejecutar, modificar o eliminar macros.

       ▪ Verdadero
       ▪ Falso

# Glosario

**Celda**
Es la unidad mínima de trabajo en Excel, el espacio donde se introduce texto, números o fórmulas. Cada celda se identifica por la combinación de una letra (columna) y un número (fila).

**Fórmula**
Instrucción escrita por el usuario que realiza cálculos con los datos de las celdas. Siempre comienza con el signo "=".

**Función**
Fórmula predefinida en Excel que facilita cálculos comunes.

**Gráfico**
Representación visual de los datos (barras, líneas, circulares, etc.) que facilita la interpretación de la información contenida en la hoja.

**Hoja de cálculo**
Página dentro de un libro de Excel compuesta por filas y columnas. Una hoja puede contener datos, gráficos y fórmulas.

**Libro de Excel**
Archivo completo de Excel que puede contener una o varias hojas de cálculo. Se guarda con la extensión .xlsx.

**Macro**
Secuencia de pasos que Excel guarda y permite reproducir con un clic. Se utiliza para automatizar tareas repetitivas y puede editarse en el editor VBA.

**Rango**
Conjunto de celdas seleccionadas que forman un bloque rectangular. Se usa para aplicar operaciones o formatos a varias celdas a la vez.

### Referencia de celda

Forma de identificar una celda en una fórmula. Puede ser relativa (A1), absoluta ($A$1) o mixta (A$1 o $A1), lo que define cómo se comporta al copiar la fórmula a otras celdas.

### Tabla dinámica

Herramienta de análisis que permite reorganizar, resumir y explorar grandes volúmenes de datos sin necesidad de fórmulas complejas.

# Bibliografía

## Monografías

→ ALCON, S.: *Organización y operaciones con hojas de cálculo y técnicas de representación gráfica de documentos.* Madrid: Ediciones Paraninfo S. A., 2023.

Libro que ofrece una introducción progresiva al uso de Microsoft Excel® 365, guiando al lector desde un nivel básico hasta un nivel intermedio en el manejo de hojas de cálculo. Explica cómo almacenar, ordenar y operar con datos —tanto numéricos como alfanuméricos— y presenta las múltiples posibilidades que Excel brinda para el tratamiento de la información.

→ SALDÍVAR, A. D.: *101 funciones con Excel.* Colombia: Ediciones de la U, 2024.

Este libro es una guía práctica para dominar las 101 funciones más útiles de Excel, convirtiendo el trabajo con hojas de cálculo en algo mucho más ágil y eficiente. Todo se presenta con un enfoque claro y didáctico, acompañado de ejercicios prácticos para afianzar los conocimientos directamente en la hoja de cálculo.

## Textos electrónicos

→ ExcelTotal (2025). Cómo crear una tabla dinámica en Excel, de: <https://exceltotal.com/como-crear-una-tabla-dinamica/>.

El artículo explica de forma sencilla qué es una tabla dinámica en Excel y cómo utilizarla para analizar grandes volúmenes de información.

→ ExcelTotal (2025). Tablas dinámicas en Excel, de: <https://exceltotal.com/tablas-dinamicas-en-excel/>.

El artículo es un tutorial completo sobre las tablas dinámicas en Excel, explicando qué son, para qué sirven y cómo se utilizan de forma práctica.

→ ExcelTotal (2025). La función BUSCARV en Excel, de: <https://exceltotal.com/la-funcion-buscarv-en-excel/>.

El artículo explica en qué consiste la función BUSCARV de Excel y cómo usarla correctamente para buscar datos verticalmente dentro de una tabla.

→ Guía de Microsoft Excel: Guía de Excel, de: <https://www.plenainclusion.org/wp-content/uploads/2022/02/Plena-inclusion-Murcia.-Guia-de-Excel.pdf>.

Esta guía es un manual introductorio de Microsoft Excel, diseñado para enseñar de manera progresiva desde los fundamentos hasta funciones más avanzadas.

→ Las 17 fórmulas de Excel esenciales para empezar y aprender fórmulas de Excel, de: <https://www.xataka.com/basics/formulas-excel-esenciales-para-empezar-aprender-formulas-excel>.

Este artículo presenta una selección de 17 fórmulas esenciales de Excel para quienes están empezando, explicando qué hace cada una con ejemplos prácticos. Sirve como una guía de base para entender cómo usar fórmulas en Excel y qué herramientas tiene el programa para hacer cálculos, organizar información y automatizar tareas simples.